KB120010

상위 1%
학생은
일기를 쓴다!

상위 1% 학생은 일기를 쓴다!

부모가 읽고 자녀가 쓰는 초등 일기 가이드북

초 판 1쇄 2024년 08월 27일

지은이 심재학
펴낸이 류종렬

펴낸곳 미다스북스
본부장 임종익
편집장 이다경, 김가영
디자인 윤가희, 임인영
책임진행 이예나, 김요섭, 안채원

등록 2001년 3월 21일 제2001-000040호
주소 서울시 마포구 양화로 133 서교타워 711호
전화 02) 322-7802~3
팩스 02) 6007-1845
블로그 http://blog.naver.com/midasbooks
전자주소 midasbooks@hanmail.net
페이스북 https://www.facebook.com/midasbooks425
인스타그램 https://www.instagram.com/midasbooks

ⓒ 심재학, 미다스북스 2024, *Printed in Korea.*

ISBN 979-11-6910-774-7 03370

값 18,500원

미다스북스는 다음세대에게 필요한 지혜와 교양을 생각합니다.

- # 상위 1%
- # 학생은
- # 일기를 쓴다!

부모가 읽고 자녀가 쓰는
초등 일기 가이드북

심재학 지음

- ## 일기? 그 쉬운 도전기가 펼쳐진다!
- ## SIM 샘이 알려주는 일기 입문론

미다스북스

챗 GPT에게 물었습니다.

'우리는 무엇으로 사는가?'

챗 GPT는 다음과 같이 대답합니다.

우리는 무엇으로 사는가라는 질문은 인생의 의미와 목적, 그리고 인간 존재의 근본적인 동기와 동력을 탐구하는 질문입니다. 이 질문에 대한 다양한 접근 방법이 있습니다.

1. 철학적 접근

• 실존주의 : 장 폴 사르트르와 같은 실존주의 철학자들은 인간이 스스로의 존재 이유와 목적을 창조해야 한다고 주장합니다. 삶은 본질적으로 무의미하지만, 각 개인이 의미를 부여함으로써 그 의미를 찾을 수 있습니다.

• 유물론 : 유물론적 관점에서는 생물학적, 물질적 조건이 인간의 삶을 결정하며, 생존과 번식이 인간 존재의 근본적인 동기라고 봅니다.

2. 종교적 접근

• 기독교 : 인간이 하나님의 사랑과 섬김을 통해 삶의 목적을 찾는다고 믿습니다.

• 불교 : 고통에서 벗어나기 위한 깨달음과 열반에 이르는 길을 통해 삶의 목적을 찾습니다.

3. 심리학적 접근

- 자아실현 : 매슬로의 욕구 위계 이론에서 최고 수준의 욕구인 자아실현은 인간 이 자신의 잠재력을 최대한 발휘하며 사는 것을 의미합니다.
- 긍정 심리학 : 인간이 행복과 웰빙을 추구하는 과정에서 긍정적인 감정, 의미 있는 활동, 성취감 등을 통해 삶의 목적을 찾는다고 봅니다.

4. 개인적 접근

각 개인 자신의 경험, 가치관, 목표를 통해 삶의 의미를 정의할 수 있습니다. 누군 가는 가족과 사랑을 통해, 누군가는 작업적 성취나 예술적 표현을 통해 삶의 목 적을 찾을 수 있습니다.

결국, 우리는 무엇으로 사는가에 대한 답은 각 개인의 삶의 철학과 경험에 따라 달라질 수 있으며, 이는 지속적인 자기 탐구와 성장의 과정 속에서 발전해 나갑 니다.

이 물음에 여러분은 어떤 답을 할 수 있나요?

○○초등학교 4학년 학생들은 다음과 같이 대답했습니다.

- 소수의 아이

"우리는 무엇으로 사는가? 뭐 이런 질문이 다 있어요? 무슨 말이에요? 무엇으로 살다니요. 밥과 빵으로 살지요. 아자~"

• 대부분의 아이

"우리 가족은 사랑으로 삽니다. 엄마 아빠, 언니, 그리고 초코(강아지)로 이루어진 우리 가족은 서로 사랑하고 아껴주기 때문에 사랑이라는 말을 가장 소중하게 생각합니다."

이런 답도 있습니다.

"우리는 지구별에 살고 있습니다. 매일 아침 노란색 학교 버스를 타고 등교합니다. 오늘은 지난봄에 심은 감자를 캤습니다. 줄기를 뽑아 올릴 때마다 노란 감자가 주렁주렁 달려 나왔습니다. 신기하고 재미있어 두 고랑이나 캤습니다. 한 봉지씩 가져가서 삶아 먹을 것입니다. 우리가 심고 가꾼 것이라 더 맛있을 것 같습니다."

이 대답은 규선이가 했습니다. 챗 GPT가 말하지 못하는 것을 초등학교 4학년 규선이는 알고 있습니다. 누가 더 낫냐보다 규선이가 이런 답을 할 수 있게 만든 요인이 중요한 것입니다.

초등교육을 하면서 그 중요성을 놓지 않은 것이 있습니다. 어떤 심리적 특성이나 행동의 획득이 이루어지는 특정한 시기, 즉, 결정적 시기가 있다는 것입니다. 그 시기가 바로 초등학교 시기입니다. 이 시기에 습득하지 못하면 나중에 아무리 보충하고 지속적인 자극을 주어도 채워지지 않는다는 이론입니다.

'이제 여유가 생겼어.'

'경제적 안정이 되었어.'

상위 1% 학생은 일기를 쓴다!

'동생이 커서 너에게 집중할 수 있어.'
하지만 이젠 그 사랑 들어가지 않습니다.

이 중요한 시기에 획득해야 할 것이 무엇일까요? 성장을 위한 고른 영양을 섭취해야 합니다. 배려하고 존중하는 마음, 서로 이해하고 도와주는 마음, 협동심과 책임감, 공공의식 등 사회적 행동양식을 배웁니다. 학습할 수 있는 능력, 즉, 학습 방법의 학습도 이 시기에 배웁니다. 무엇보다 자기 생각으로 자신의 행동을 결정하는 능력도 배워야 합니다.

소중한 내 아이 반듯하게 키우고 싶은 마음은 어느 부모나 같습니다. 남들보다 더 잘 키워내고 싶은 욕심을 다 갖고 있습니다. 이 책은 엄마 아빠를 위한 책입니다. 28년간 학급 담임을 하면서 아이들 이전에 부모 교육이 중요함을 절실히 느꼈습니다. 수많은 학부모를 면담하면서,
"내 아이 어떻게 해야 하나요?"
라는 고민에 대한 답입니다. 자녀에게,
"우리 ○○이 꿈이 뭐야?"
라고 물어보세요. 뭐라고 대답합니까? 구체적으로 이것이다! 라고 하는 아이는 드뭅니다. 꿈이 구체화되어 있는 아이가 있다면, 난 꼭 이거 할 거야 하는 아이가 있다면 그 아이는 둘 중 하나입니다. 정말 꿈을 이룰 수 있는 아이이거나 아니면 엄마 아빠의 꿈이거나…!
사람은 성장하면서 경험과 독서로 자기 신념을 내재화합니다. 공부하지 않으면 다른 사람이 만들어 준 대로 살아갑니다. 하나를 가르치면 열을 아

는 아이를 위해 부모들은 닥치는 대로 가르치려 듭니다. 어릴 때는 대부분의 아이가 천재잖아요. 천재인 우리 아이 보통의 아이로 될까 봐 성인보다 더 많은 학습을 시키려 합니다. 어떤 기준으로 그렇게 하나요? 부모가 살아오면서 획득한 지식, 들은 이야기가 기준이 됩니다. 좋은 대학에 간 조카가 기준이 되기도 합니다.

자녀가 꿈을 이루기 위해서는 엄마 아빠가 더 많이 공부해야 합니다. 초 단위로 성장하는 아이에게 대응할 방법은 끊임없이 공부하는 것입니다. 부모가 자식에게 영향을 주는 시기가 있습니다. 보통 2~13세 나이 때입니다. 이 나이가 넘으면 부모의 말이 먹혀들지 않습니다. 자녀가 잘못해도 말하지 못합니다. 말대꾸라도 하면, 반항이라도 해 주면 고마울 지경입니다. 부모 말이 무시 되기 전, 자녀에게 영향력이 미칠 때 맘껏 발휘하세요. 경험이 아니라 배움으로 이끌어야 합니다.

학부모 상담을 하다 보면 엄마 아빠, 특히 엄마는 모두 교육 전문가입니다. 평생 아이들만 상대하고, 여름방학, 겨울방학 꼬박꼬박 참여하는 연수 덕분에 최신 이론으로 무장한 제가 오히려 교육 초보입니다. 다행인 것은 부모와 교사의 고민이 일치한다는 것입니다. 공부 잘하는 아이!

학업성취를 결정하는 요인은 다양합니다. 개인의 체력, 주변 환경, 내적 동기 등 여러 요인이 맞아떨어질 때 학업성취가 높습니다. 학교에서 적용하는 교육 방법 중 나선형 교육과정이 있습니다. 이 교육과정은 학생이 학습할 내용을 반복하면서 점차 심화하도록 설계된 교육방식입니다. 예를 들어 수학을 1학년 때는 숫자 1부터 100까지의 기본적인 덧셈과 뺄셈을 배웁니다. 2+3=5와 같은 문제를 풉니다. 2학년이 되면 같은 덧셈과 뺄셈을 배우지만 이번에는 두 자리 숫자를 사용해 조금 더 복잡한 문제를 다루게됩니다. 25+17=42와 같은 문제입니다. 3~4학년이 되면 세 자릿수와 곱셈, 나눗셈으로 확장됩니다. 이 과정에서 학생들은 동일한 기본 개념을 반복 학습하며 이해의 깊이와 복잡성을 높입니다. 즉, 1학년 과정이 2학년에 중복되고, 2학년 과정이 3학년에도 나옵니다. 학년이 올라가면서 교육 내용의 일정 부분을 반복·심화학습 합니다. 이처럼 학습은 장기적이고 반복적입니다. 독서 시간을 확보한다고, 공부에 방해된다고 거실에서 TV를 없애는 집이 있습니다. TV가 바보상자라고 하지만 소중한 문명의 이기입니다. TV를 치워서 잃는 것도 많습니다. TV를 없애 공부 시간을 확보한다면 짧은 기간 효과는 있습니다. 보고 싶은 TV 보면서도 공부 잘하는 방법이 있다? 이 책에서 그 방법을 찾아 보기 바랍니다.

학업성취가 높은 아이들의 특징 중 하나가 겸손하다는 것입니다. 겸손과 공부가 무슨 상관이냐고요? 겸손하지 않으면 지식을 옳게 받아들이지 못합니다. 지식을 왜곡하여 자신이 알고 싶은 내용으로 받아들입니다. 그 결과 오답을 합니다. 오답에 대한 반성도 없을뿐더러 잘못을 지적당하면 반발합니다. 겸손하지 않으면 두뇌가 좋아도 보통의 두뇌를 가진 아이보다 학업성취가 낮거나 답보 상태를 유지합니다. 따라서 부모는 자녀에게 학습환경과 더불어 지식에 대한 겸손한 자세를 물려주어야 합니다. 타고난 두뇌와 겸손에 더하여 일기 쓰기라는 습관을 갖는다면 상위 1%로 성장

할 확률이 높습니다. 저는 습관 중에서 일기를 첫손에 꼽았습니다. 왜 일기냐는 말을 합니다. 개념 형성과 방향 설정에 있습니다. 앞으로의 길을 알고 싶으면 지나온 길을 돌아보면 됩니다. 5년 전, 10년 전 일기를 읽어 보세요. 잘한 것도 부족한 점도 다 들어 있습니다. 잘한 것은 더 발전시키고 부족한 면은 고쳐야 합니다.

일기는 나침반입니다! 삶의 길잡이입니다. 이 책은 일기를 쓰고 싶은 마음이 들게 하는 데 목적을 두고 집필했습니다. 마음이 동하여 행동하는 부모 모습을 그리며 썼습니다. 그래서 소설처럼, 산문처럼, 우리 반 아이들에게 이야기해주던 것처럼 썼습니다. 이러이러한 점이 좋으므로 일기를 써야 한다고 백번 말하는 것보다 실천하는 한 번의 모습이 중요합니다. 이 책을 읽고 넌지시 말해 보세요.
"일기는 좋은 점이 참 많네."

소중한 자료를 제공해 준 규선이 외 44명의 어린이, 최 선생님, 양 선생님, 또 다른 양 선생님, 김 교감 선생님, 박 교장 선생님께 감사드립니다. 책이 나올 수 있도록 성의를 다해 도와주신 미다스북스 이예나 팀장님 감사합니다. 사회 구성원으로 각자의 위치에서 훌륭한 역할을 다하는 우성, 수옥, 교진, 수학 선생님 우석에게 무한한 고마움을 전합니다.

저항이 있다는 것은 자신을 바꾼다는 증거다.
— 데니스 홍

2024 여름

심재학

I.
왜 일기인가?

일기의 필요성을 전하다

우리는 종종 생각의 결과들이 맞는다는 착각을 하며 살아간다.

그 착각을 적절한 시기에 바꾸지 못하면

미래를 설계할 기회를 놓치고 과거의 잘못이 반복된다.

이때 필요한 자질이 자신을 돌아보는 것,

시선을 자신에게 향하는 것이다.

일기는 그 도구다.

1. 객관화의 힘, 일기에서 배우자

그림은 일기를 쓰는 또 다른 방법일 뿐이다.(파블로 피카소)

악기는 일기를 쓰는 또 다른 방법일 뿐이다.(연주자)

경기는 일기를 쓰는 또 다른 방법일 뿐이다.(운동선수)

일기는 더 나은 삶을 위한 또 다른 방법이다.(심재학)

즉, 일상의 모든 것이 일기다!

기록하는 습관 하나로도 위대한 사람이 될 수 있다

저는 쓰는 것을 좋아합니다. 좋아하기 때문에 날마다 쓸 수 있습니다. 50년째 쓰고 있습니다. 쓰는 방법을 배운 적은 없습니다. 초중고 시절 문예반이나 창작활동을 한 적도 없고 대학도 교사 양성 대학 특성에 따라 교육과정 작성, 교수법 위주로 배웠습니다. 그런데도 꾸준히 쓰고 있습니다. 글 쓰는 것이 재미있기 때문입니다. 소질이라고요? 그럴 수 있습니다. 그렇다고 소질만이라고 말할 수도 없습니다. 소질에 더하여 환경과 여건이 조성되었습니다.

제가 다닌 초등학교는 작은 농촌학교였습니다. 70년대 개구리가 장난감이고 물고기, 산토끼 쫓아다니는 것이 놀이였습니다. 골목을 뛰어다니며 술래잡기, 자치기와 딱지치기가 방과 후 활동이었습니다. 그 시절 좋은 스승을 만났습니다. 4학년 때 담임 선생님은 달랐습니다.

"촌놈들 새까맣게 놀지만 말고 책을 읽어야 한다. 그렇지 않으면 더 촌놈 된다."

선생님은 매일 책을 읽혔습니다. 칠판에 '독서'라고 써 놓고 아침마다 책을 읽게 하셨습니다. 물론 선생님도 두툼한 책을 읽으셨습니다. 선생님의 행동이 잠재적 교육과정임을 나중에 알았습니다. 많은 친구가 지루한 시간이었다고 하지만 저와 몇 친구는 즐거운 시간이었습니다. 선생님은 한 가지를 추가하셨습니다.

일기 쓰기!

사람의 성향은 다양합니다. 남들과 다른 부분, 즉, 다른 사람의 눈에는 보이지 않는 것이 보인다거나, 작은 소리가 들린다거나 하는 것을 말합니다. 예민보다는 민감하다는 표현이 맞겠네요. 저는 냄새에 민감합니다. 미각은 더 발달했습니다. 양념 한두 알의 차이도 구분합니다. 선생님은 일기 숙제를 해오지 않는 사람에게 야외 화장실(그때는 변소다!) 청소를 시켰습니다. 아마 4학년이 화장실 청소 담당이었을 것입니다. 그래서 선생님도 청소는 시켜야겠고, 어떤 녀석을 시킬까 하다가 본인의 역점 과제인 일기 쓰기에 걸린 아이들을 시켰을 것입니다. 하얀 구더기가 꿈틀거리며 기어오르고, 누런 소변 때가 물든 벽을 솔로 문지르고 양동이 물로 조준 못 한 큰 것을 치워야 했습니다. 지금 생각해도 몸서리쳐집니다. 그 냄새가 채찍질이었습니다. 어떤 일이 있어도 일기를 쓰게 했습니다. 냄새에 지독한 민감성을 가진 저는 화장실 청소가 고통 중의 고통이었습니다. 선생님 반이 되고 나서 딱 1주일 만에 습관이 만들어졌습니다. 예전의 선생님들처럼 말과 실천이 다르겠지, 청소는 1분단부터 돌아가면서 하겠지 생각하다 걸렸습니다. 변소 청소 딱 두 번 하고 습관 두 개를 만들었습니다.

독서!
일기!

물론 저의 성향이 책 읽는 것을 좋아합니다. MBTI 유형에서 전형적인 I 형입니다. 성향과 부과된 일이 맞아떨어진 경우이기는 합니다. 거기에 더하여 철저했던 선생님과 청소라는 환경이 만들어졌습니다. 교육대학을 졸업하고 교직에 들어와서 제가 맡은 반을 선생님처럼 했습니다. 일기 쓰기와 독서! 당연히 저도 읽고 썼습니다. 일기 지금도 쓰고 있습니다. 실력의 자본이자 자랑입니다. 자랑거리를 마구마구 자랑하고 싶은데 학생들은 따라오지 못하는 겁니다. 선생님이 써주는 댓글 때문에 쓰는 아이, 나머지 공부가 싫고 꾸중이 싫어서 써 오는 아이 해서 대부분 써 오기는 했습니다. 1년 동안 지도하면 몸에 밸 줄 알았습니다. 습관이 그렇게 쉽게 형성된다면 얼마나 좋을까요. 학년이 바뀌면 학기 초 작년 담임에게 부리나케 놀러 옵니다. 그때마다 일기 쓰는 것을 물어봅니다. 대부분 더 이상 쓰지 않는다고 합니다. 좋은 건 알겠는데…. 딱 거기까지입니다. 학년, 학교급이 올라갈수록 일기 쓰는 것이 쉽지 않다는 것을 알고 있습니다. 쓰기 싫은 것을 강제할 수도 없습니다. 더군다나 언제부터인가 일기 쓰기 지도가 아동학대, 인권침해, 학부모 민원의 소지가 되었습니다. 이 훌륭한 숙제가 말입니다. 일기 쓰기 숙제 검사를 개인정보 침해라고 한답니다. 또 일기 검사를 하다가 아이의 힘듦을 알게 되었을 때 담임 선생님은 상담과 격려, 지원을 해 줄 것입니다. 일기 검사를 하다 학대 정황이 발견되었다면? 그다음은 어떻게 해야 할까요? 당연히 교사는 신고 의무자입니다. 그것뿐만이 아닙니다. 아이의 일기장을 본 학부모님으로부터

"선생님이 써 주는 글이 왜 이렇게 짧아요?"

"우리 ○○이 예체능에 소질 있는데, 그것 모르시네요?"

라는 댓글을 만날 때도 있습니다. 일기 검사를 해서, 일기 쓰는 습관을 형성해 주어서 좋은 선생님이라는 소리 들을 확률이 낮은데 굳이 해야 하나 싶은 현실을 외면할 수 없습니다. 그렇다고 포기할 제가 아니지요! 고심 끝에 방법을 찾았습니다.

'쓰고 싶어 몸이 근질근질하게 만들자.'

'자발성을 끌어내자.'

흥미가 있어야 했습니다. 동기 유발이 중요했습니다. 잘 쓴 일기 읽어 주기, 이걸 일기로 써 보면 얼마나 좋을까? 하는 은근한 압력 넣기, 일기를 써서 위대해진 사람들, 위인들 일기 소개하기, 하루 한두 문장 메모 습관 들이기 등등. 잠재적 교육과정을 꾸준히 실천했습니다. 학급교육 과정에 일 년 내 녹여 넣었습니다. 당연히 저의 지나간 일기도 도움이 되었습니다. 지금은 볼 수 없는 누런 종이 공책에, 자기들의 아빠 엄마가 태어나기도 전의 내용이 가득 들어 있는 일기는 박물관에서 나온 보물이 되었습니다.

"선생님, 6학년 때 짝꿍 지금 뭐 해요?"

"와~ 정말 이랬어요?"

흥미 유발에 성공했습니다. 그 녀석들이 졸업해 나갈 때까지, 최소한 1년은 꾸준히 쓰는 것도 확인했습니다.

오늘의 나를 만든 것은 일기입니다. 만약 일기 쓰기를 알지 못했다면, 4학년 선생님을 만나지 못했다면, 형편없는(진심이다!) 사람으로 나이 들어가고 있을 것입니다. 어제, 지난달, 10년 전과 같은 모습으로 살고 있을 것입니다. 지난 실수를 고칠 생각도 못 하는, 성숙이 무엇인지 모르는 삶, 그래서 고집불통인 아저씨로 늙어가고 있을 것입니다. 또 하나, 어느 자리에서건 나름 하고 싶은 말을 할 수 있는 힘, 의도한 대로 표현할 수 있는 글솜씨 모두 일기 쓰기에서 나왔습니다.

글쓰기가 주는 장점 중 하나가 생각을 모으는 것입니다. 사람은 하루에 6만여 가지를 생각한다고 합니다. 그중 80%가 부정적인 생각이라고 합니다. 근심, 걱정, 고민, 분노와 외로움 등이 부정적인 생각입니다. 그중 대부분은 자연스럽게 사라지지만 그렇지 않고 남아 괴롭히는 생각들도 많습니다. 이때 생각을 정리하고 모으는 방법이 나만의 글쓰기입니다. 자기 생각을 글로 표현하다 보면 자신을 지배하는 생각이 정리됩니다. 위대한 자취를 남긴 사람들은 메모하는 습관을 갖고 있습니다. 기록하는 습관 하나만 만들어도 위대한 사람이 될 수 있습니다.

종이 위에 쓰인 것은 제삼자의 시선으로 보는 것이 가능해진다. 글이 주는 자기 객관화의 힘, 즉, 일기를 쓰면 자신을 객관적으로 관찰할 수 있고, 이는 자기 성찰로 이어진다. 이순신의 고매한 인격도 일기 덕분이다.

– 경향신문 칼럼 「서민의 어쩌면」 중, 2019. 10. 16

말만 잘하는 요즘 아이들, 말도 잘하는 우리 아이들

'만족스러운 하루'

하루를 만족스럽게 보내는 방법이 있습니다. 불만족을 채우려 하지 말고 버리면 됩니다. 욕심을 버리라고 하지만 쉬운 일은 아닙니다. 인간을 만족시키는 한계가 있을까요? 나는 모든 게 만족스럽다라고 말할 수 있는 사람이 얼마나 될까요? 그래서 채울 수 없는 것을 찾아 헤매는 어리석음보다 채울 수 있는 것을 채우는 현명함을 갖자는 것입니다. 어떻게? 만족을 방해하는 부분을 버리면 됩니다. 쓰다 보니 조금 철학 냄새가 나네요. 맞습니다! 어차피 만족은 마음으로 느끼기 때문입니다.

이제부터는 현실 이야기입니다. 학급에서 만나는 아이들은 종일 수다가 끊이지 않습니다. 어느 때 어느 장소에서 마이크를 들이대도 당당히 말합니다. 요즘 아이들 멋있습니다. 그 멋진 아이들이 쓴 글? '…'입니다. 왜 그럴까요? 말 잘하는 아이들이 글까지 잘 쓴다면 얼마나 좋을까요? 생각은 언어와 문자로 표현합니다. 물론 다른 표현 방식도 많습니다. 언어는 상황과 편의에 따라 한두 마디 낱말처럼 짧은 말이나 때로는 그것도 없이 표현

되기도 합니다. 사고 작용 없이 뱉는 사람이 많습니다. 하지만 글은 말에 비하여 몇 단계를 거칩니다. 시간도 더 필요합니다. 우리 반 아이들 말 잘합니다.

"말 잘하는 우리 반~ 할 말을 글로 적어 발표하면 어떨까요?"

"…"

교실 공기가 달라집니다. 순식간에 말이 없는 반이 되어버립니다. 담임이 찾아낸 우리 반의 특징은 쓰는 것을 싫어합니다. 고개 숙이고 그림만 그리는 아이, 허공 쳐다보며 연필만 손가락으로 뱅글뱅글 돌리는 아이, 또 담임 얼굴 빤히 쳐다보는 아이…. 모든 아이가 다 그런 것은 아닙니다. 두괄식, 미괄식, 양괄식 고루 사용하여 자기 생각을 조리 있게 쓰는 아이도 많습니다. 언어적 표현보다는 글로 표현하는 것을 좋아하는 아이들이 있습니다.

"사랑하는 나의 귀염둥이 사랑 뿡뿡 에너지 충만 제자들아. 지금부터 글쓰기를 시작해 볼까? 오늘의 쓰기 주제는 일기입니다!"

(우리 반 아이들 이렇게 말하면 절반은 죽는다. 아, 쌤 제발 그러지 마세요~)

다음은 학기 초 예림이 일기입니다.

아침에 일어났다.

세수하고 밥 먹고 학교에 갔다.

학원 끝나고 숙제했다.

오늘 일기 끝.

이 일기 조금만 지도하면 변합니다. 왜 그랬어? 어떻게? 라는 추임새만 넣어줘도 이렇게 씁니다.

아침에 늦잠을 잤다.

아빠가 어젯밤 늦게 치킨을 사 와서 그걸 먹고 잤기 때문이다.

2반이랑 체육 시간에 피구를 했다. 내가 두 사람이나 맞췄다.

그래서 우리 반이 이겼다.

신났다.

1학기가 끝나갈 무렵 예림이 일기를 볼까요? 글로 자신과 대화하는 방법을 찾았습니다. 하루 동안 있었던 일 중에서 선택을 할 수 있는 능력이 생기고, 생각을 정리해서 글로 표현하는 방법을 알았기 때문입니다. 일기가 더 이상 스트레스가 아닙니다. 글쓰기 동력을 얻었습니다.

이런 일이?

치아 교정기가 없어졌다.

점심 먹고 놀 때 가방에 넣어 놓고 나갔다. 5교시에 다시 끼우려고 찾아보니 사라졌다.

화난 엄마 얼굴이 떠올라 눈물이 났다.

책상, 사물함을 다 뒤져도 없다.

우는 소리에 선생님이 오셔서 함께 찾아도 안 보인다.

학원 차를 놓칠 것 같아 그냥 왔다.

선생님께서 엄마한테 전화해 주신다고 걱정하지 말라고 하셨다.

그 때문인가?

저녁에 엄마가 아무 말씀 안 하셨다.

다음은 ○○초등학교 학년별 일기에 관한 생각을 물은 설문 결과입니다.

학년	일기를 쓰면 좋은 점이 무엇일까?	일기 쓰기가 힘든 이유	일기에 관한 생각
1	• 띄어쓰기를 잘할 수 있다. • 옛날 일을 기억할 수 있다.	• 글씨가 어렵다. • 왜 써야 하는지 모르겠다.	• 그림 일기가 좋다. • 1주일에 두 번만 쓰면 좋겠다.
2	• 추억이 생긴다. 뿌듯하다. • 사진처럼 남겨 둘 수 있다. • 그때 마음이 어땠는지 알 수 있다.	• 맞춤법, 글씨 쓰기가 어렵다. • 한 일을 떠올리는 것이 어렵다. • 하루 일을 금방 까먹는다.	• 기분이 좋다. 귀찮다. • 나중에 보면 기쁠 것 같다. • 추억, 기쁨, 행복, 옛날
지도 방안	• 그림, 동시 등 다양한 방법으로 표현하게 한다. • 낱말놀이, 마인드맵 등 생각을 끌어내는 활동을 한다. • 감정 카드를 사용하여 다양한 느낌의 표현 방법을 익힌다. • 간단한 모범 일기를 예시로 보여주며 일기의 형식을 익히게 한다. • '오늘 급식은 어땠나요?', '기억에 남는 일은?' 등 글감을 구체화해 준다. • 쓴 글에 칭찬과 격려를 해 주며 아이의 글을 함께 읽고 생각이나 느낌을 나눈다. • 오늘 있었던 일과 내일 할 일을 개조식으로 적어 보고 그때의 기분을 말이나 글로 표현해본다. • 저학년은 무동기에서 출발하여 외재적 동기(당근 사용), 내재적 동기 순으로 성장한다. 그러므로 처음에는 약속을 정하고 책임감 기르기로 시작하여 점차 스스로 자기표현의 창구로 사용하도록 유도하면 좋다.		
3	• 하루를 정리할 수 있다. • 글씨를 바르게 쓸 수 있다. • 특별한 일을 떠올릴 수 있다. • 폭력을 당했을 때 일기에 써서 선생님께 알릴 수 있다.	• 손(팔)이 아프다. • 맞춤법이 어렵고 헷갈린다. • 매일매일 쓰는 일기가 특별한 일이 없을 때는 주제를 정하여 쓰기 어렵다.	• 일기 쓰는 것은 귀찮다. • 일기를 꾸준히 쓰면 보람이 있을 것이다. • 일기를 써서 칭찬받으면 기분이 좋다.

4	• 나의 하루를 기록할 수 있다. • 어렸을 때의 나를 알 수 있다. • 내 생각을 글로 쓰면 똑똑해지는 기분이 든다. • 생각을 많이 할 수 있고, 일기를 쓰고 나면 마음이 편안해진다.	• 습관이 안 된다. • 쓸 거리가 너무 많다. • 글 쓰는 것이 어렵다. • 생각하는 것이 귀찮다. • 언제나 같은 날인데 특별히 쓸 것이 없다.	• 추억이 저장된다. • 나를 성장시키는 것이다. • 쓰고 싶은데 실천이 안 된다. • 일기를 쓰면 좋은 점이 있다는 것을 알지만 귀찮다. • 일기는 필요하지만 공부가 아니다.
지도 방안	• 일일 계획을 세우고 하루 일정을 정리하는 습관을 갖게 한다. • 육하원칙 중 몇 가지를 적용하여 쓰는 분량을 넓혀 간다. • 어휘력과 문장 완성도를 높여 글쓰기에서 만족감을 느끼게 한다. • 글의 종류를 다양화해서 자신에게 맞는 방법으로 생각을 표현하게 한다. • 하루 중 기억에 남는 글감을 써 보고 그중 한 주제를 정하여 자유롭게 쓰게 한다. • 정해진 양이 없으므로 쓰고 싶은 만큼만 자유롭게 쓰기, 간단한 메모하기도 좋다. • 자신이 쓴 일기를 읽고 점검해 보며, 일기 쓰기에 자신감을 가질 수 있도록 칭찬한다. • 가족이 일정한 시간에 모여 하루를 돌이키며 이야기를 나누고, 부모는 꾸준한 관심과 모범을 보인다.		
5	• 문장력이 는다. • 글씨 연습이 된다. • 나의 성장 기록이다. • 일기 쓰기는 국어 공부다. • 자신의 하루를 되돌아볼 수 있다. • 성장하는 나의 모습을 알게 해 준다.	• 하루를 되돌아볼 때 생각이 잘 안 난다. • 학원 숙제 때문에 시간이 없다. • 나의 사생활을 다른 사람에게 보여주기 싫다.	• 일기는 비밀이다. • 기억력이 좋아진다. • 추억을 회상할 수 있다. • 상상력이 풍부해질 것이다. • 쓰고 싶은 생각은 있지만 실제로 하려면 귀찮다.
6	• 생각이 정리되고, 글 실력이 는다. • 무언가 하고 있다는 자부심이 생긴다.	• 학원 숙제 때문에 일기 쓸 시간이 없다. • 누군가 본다는 생각에 비밀을 쓸 수 없다.	• 일기가 주는 장점을 알고 있지만 안 써도 괜찮아서 안 쓴다.

• 계획적인 사람이라는 느낌이 있다. • 하루를 알차게 보낸 기분이 든다. • 성장하는 과정을 알 수 있다. • 20년 후 나의 추억이 될 거 같다.	• 쓰는 것이 귀찮고, 습관이 안 된다.	• 일기는 사생활이 담긴 글이므로 쓰는 것도, 안 쓰는 것도 개인의 자유다. • 일기 쓰는 사람을 보면 부럽다.
지도 방안	• 일기 쓰는 시간은 성찰의 시간이며, 비밀이 보장되도록 한다. • 육하원칙 틀을 제시해 주어도 좋고 주제를 정하여 수필형식으로 적어도 좋다. • 신체적 정서적 성장이 왕성한 시기이므로 아이만의 비밀이 있음을 알고 존중해 준다. • 편지 형식, 인물 중심, 감정이나 사건 중심 등 다양한 방법으로 쓴 일기를 예시로 준다. • 일기 쓰기를 귀찮게 여기는 아이들에겐 일기 쓰기가 재미있고 의미 있는 활동으로 인식할 수 있도록 동기를 부여해 준다. • 그림일기, 만화 일기, 사진 일기 등 다양한 방식으로 자신을 표현할 수 있게 하며 일기 쓰기에 대한 긍정적인 보상을 제공할 수도 있다. • 중요한 일을 메모만 해도 좋으며, 일기를 쓰는 것은 의무가 아닌 생활 일부이며, 자신의 기록임을 알게 한다. • 일기를 쓰며 생각과 감정을 기록하는 과정에서 자신을 더 깊이 이해할 수 있게 된다. 이는 자신의 가치관, 목표, 두려움, 희망 등을 명확히 파악하는 데 도움을 준다.	

초등학교 학년별 쓰기 성취기준은 다음과 같습니다.(초등학교 교사용 지도서)

초등학교 1~2학년 쓰기 성취기준

1. 글자와 단어를 바르게 쓴다.

2. 쓰기에 흥미를 느끼며 자기 생각이나 느낌을 문장으로 표현한다.

3. 주변 소재에 대해 소개하는 글을 쓴다.

4. 겪은 일을 표현하는 글을 자유롭게 쓰고, 쓴 글을 함께 읽고 생각이나 느낌을 나눈다.

초등학교 3~4학년 쓰기 성취기준

1. 중심 문장과 뒷받침 문장을 갖추어 문단을 쓰고, 문장과 문단을 중심으로 고쳐 쓴다.

2. 절차와 결과가 드러나게 정확한 표현으로 보고하는 글을 쓴다.

3. 대상에 대한 자신의 의견과 그렇게 생각한 이유가 드러나게 글을 쓴다.

4. 목적과 주제를 고려하여 독자에게 마음을 전하는 글을 쓴다.

5. 자신의 쓰기 과정을 점검하여 쓰기에 자신감을 갖는다.

초등학교 5~6학년 쓰기 성취기준

1. 알맞은 내용을 선정하여 대상의 특성이 나타나게 설명하는 글을 쓴다.

2. 적절한 근거를 사용하고 인용의 출처를 밝히며 주장하는 글을 쓴다.

3. 체험한 일에 대한 감상을 나타내는 글을 쓴다.

4. 독자와 매체를 고려하여 내용을 생성하고 표현하며 글을 쓴다.

5. 쓰기 과정을 점검·조정하며 글을 쓰고, 글 전체를 대상으로 통일성 있게 고쳐 쓴다.

6. 쓰기에 적극적으로 참여하며 자신의 글을 독자와 공유하는 태도를 지닌다.

일기로 바뀌는 100가지 변화

아이들 대부분은 일기가 주는 장점을 잘 알고 있습니다. 일기를 꾸준히 쓰는 친구를 부러워하며, 자신도 습관을 들여 쓰고 싶어 합니다. 문제는 일기 쓰기 방법을 잘 모른다는 것입니다. 저학년은 자기 생각을 문자화하는 것에 부담을 갖습니다. 이 시기에는 표현 저항력을 덜어 주어야 합니다.

"네가 지금 기분이 좋다고 했잖아. 그걸 1부터 10까지 숫자로 말해 볼까?"

"그 숫자를 선택한 이유는?"

"지금 네 기분을 색깔로 하면 무슨 색으로 하고 싶어?"

그림이나 동시로 표현해도 좋습니다. 감정 카드를 활용하여 어휘력을 조금씩 늘려 가는 활동을 해 보세요. 다른 사람이 쓴 일기를 읽는 것도 도움이 됩니다. 잘 쓴 일기는 감동을 줍니다. 마음이 움직여지면 실천합니다.

"저도 일기 쓰고 싶어요."

라는 말이 나오게 하는 것이 중요합니다.

일기 쓰기는 습관입니다. 초등학교 때는 습관을 들이기 좋은 시기입니다. 10,000시간까지는 아니어도 됩니다. 미국의 의사 존 맥스웰은 그의 저서 『성공의 법칙』(존 맥스웰 지음, 비즈니스북스, 2023)에서 습관을 만드는 데 21일이면 충분하다고 했습니다. 그는 사고로 사지를 잃은 사람들이 잘린 팔과 다리에 심리적으로 적응하는 기간을 연구하다 21일의 법칙을 찾아냅니다. 21일은 의심, 고정관념을 담당하는 대뇌피질과 두려움, 불안을 담당하는 대외변연계를 거쳐 습관을 관장하는 뇌간까지 가는데 걸리는 최소한의 시간이랍니다. 21일은 우리의 뇌가 새로운 행동에 익숙해지는 데 걸리는 시간을 의미합니다. 즉, 무언가를 만들고 싶거든 21일 동안 꾸준히 실천하면 됩니다. 21일 동안 하루도 빠짐없이 일기를 써 보세요. 습관이 될 것입니다.

일기를 쓰면 좋은 점이 무엇일까요? 좋은 점을 100가지도 넘게 말할 수 있습니다. 일기로 바뀌는 변화를 공책 열 바닥도 넘게 쓸 수 있습니다. 일기를 3년 쓴 사람은 무언가를 이룰 사람이고, 10년을 쓴 사람은 무언가를 이룬 사람이라는 격언이 있습니다. 동서양이 옛날이나 지금이나 일기를 강조하는 것은 그만큼 좋은 점이 많기 때문입니다. 저는 일기를 쓰면 좋은 점을 다음과 같이 말합니다.

첫째, 일상의 복잡함이 정리됩니다. 기쁘고 즐겁고 짜증 나고 슬펐던 감정이 정리되어 해소할 힘이 생깁니다. 할머니 할아버지가 자주 하시는 말씀이 있습니다.

"사람은 하루에 열두 번 변한다."

감정의 변화를 이렇게 표현하신 것입니다. 다른 사람이나 주변의 작은 변화에 오르락내리락하는 감정에 휘둘리다 보면 나중에는 자신을 놓칩니다. 괜한 일에 가족에게 짜증 내고, 마음과 다른 행동을 하게 됩니다. 일기를 쓰면 이런 감정을 정리할 수 있습니다. 완전히 사라지는 것이 아니라, 잘못된 감정 처리가 줄어들게 됩니다.

　둘째, 자존감을 올려줍니다. 일기는 감정을 글로 바꿔주는 행동입니다. 그러기 위해서는 감정의 변화를 인식해야 합니다. 일기장을 펴고 무엇을 쓸까 생각하는 과정이 인식의 과정입니다. 부정과 긍정의 감정이 본능적으로 분석되고 이해하는 단계를 거쳐 글자화됩니다. 그런 과정을 거치며 행복한 기분을 느낄 때 긍정적인 자아를 발견하게 됩니다. 당연히 그런 자신을 바라보며 자존감도 높아집니다.

　셋째, 기억의 왜곡을 막아 줍니다. 기억은 사라지고 변합니다. 이건 좋은 점과 아쉬운 점을 동시에 갖고 있습니다. 가슴이 저리도록 아픈 기억도 시간이 지나면 무뎌집니다. 고마운 일입니다. 반면에 간직하고 싶은 추억도 시간의 흐름과 함께 흐릿해집니다. 즉, 기억하고 싶은 것만 기억하는 것입니다. 기억의 왜곡이라고 합니다. 기록이 있다면 왜곡을 막을 수 있습니다. 기억의 휘발성은 오늘 일이 내일이면 절반으로, 또 하루가 지나면 남는 것의 절반이 사라진다고 합니다. 남는 것 역시 왜곡을 가져옵니다. 잘못된 기억은 삶에 도움이 되지 않습니다. 일기를 써야 하는 이유를 알겠지요?

　넷째, 발전하는 삶을 살아가게 해 줍니다. 지나간 일기를 읽어 보세요. 자신의 행동이나 사고방식에서 반복적으로 나타나는 패턴을 발견할 것입니다. 이를 통해 나쁜 습관이나 비효율적인 사고방식을 인식하고 개선할 수 있습니다. 일기는 올바른 삶의 지침을 만들어 줍니다.

다섯째, 올바른 개념 형성에 있습니다. 주변에서 만나고 경험하는 수많은 사건, 대상, 관계들이 주는 속성이 있습니다. 이 속성이 모여 긍정적인 자아를 형성한다면 좋겠지만 그렇지 않을 수도 있습니다. 바람직하지 못한 환경이나 경험은 잘못된 개념을 형성합니다. 일기는 잘못 형성된 개념을 수정ㆍ보완해서 올바른 개념으로 만들어 가는 역할을 합니다. 일기를 쓸 때 생각, 감정, 행동을 반추하며 자신에 대한 정확한 이해와 해석이 가능해지기 때문입니다. 이는 비뚤어진 생각이나 비합리적인 감정을 바로잡는 데 유용합니다. 일기는 써 놓고 보관해 두는 것이 아닙니다. 더 나은 삶을 위하여 읽어야 할 반성의 자료입니다.

여섯째, 기억력이 향상됩니다.

일곱째, 글쓰기 능력이 늘어납니다.

여덟째, 문제해결 능력이 향상됩니다.

아홉째, 의사소통 능력이 좋아집니다.

열 번째, 스트레스를 관리할 수 있습니다.

열한 번째, 자기 삶을 기록으로 남기는 중요한 수단입니다.

열두 번째, 긍정적인 사고방식을 유지하는 데 도움이 됩니다.

열세 번째, 삶의 목표를 설정하고 추적하는 데 도움이 됩니다.

열네 번째, 자신을 반성하고 돌아보는 시간을 갖음으로써 자기 성찰을 할 수 있습니다.

열다섯 번째, 일기를 쓰는 과정에서 다양한 생각과 아이디어가 떠올라 창의력이 증진됩니다.

일기 쓰기가 주는 100가지 변화 중에서 열다섯 가지를 알려 드렸습니다. 나머지는 책을 읽으면서, 일기를 써 가면서 찾아보기 바랍니다. 쇠뿔도 당장! 오늘부터 일기를 써 보세요. 문구점에 달려가 다이어리 한 권만 사면 됩니다. 구구절절 쓰지 않아도 됩니다. 중요한 것만 메모해도 좋습니다. 엄마 아빠의 기록하는 모습은 귀하고 귀한 '잠재적 교육'입니다. 누가 아나요? 21일이 되기 전에 습관이 될지.

김종옥 선생님

우리는 습관 속에 살아갑니다. 저는 몇 개의 습관 중 기록하는 습관이 있습니다. 언제나 메모 도구를 갖고 다닙니다. 요즘은 스마트폰 메모장 앱을 함께 사용합니다. 쓰는 습관이 먼저였는지, 독서가 먼저였는지는 모르겠습니다. 아마 동시에 길든 것 같습니다. 분명한 것은 독서도 기록도 습관이라는 것입니다. 처음부터 독서 열심히 하고 날마다 일기를 쓴 것은 아닙니다. 초등학교 4학년 담임 선생님 때문입니다.

도시에 사시는 선생님이 버스로 1시간 30분이나 걸리는 농촌학교에 오셨습니다. 깔끔한 차림에 반듯한 자세, 조금 벗겨진 이마와 엄숙한 얼굴로 그동안의 선생님들과는 달랐습니다. 시작종이 땡땡땡(1970년대는 종을 쳤답니다.) 울리면 그제야 느릿느릿 교무실을 나서던 다른 선생님들과 달리, 우리 선생님은 종이 울리기 전에 교실로 오셨습니다. 당연히 수업도 진지했습니다. 설명보다 발표가 많고, 표○전과를 베껴서 할 수 있는 숙제보다는 도서실에서 책을 찾아가며 해야 하는 숙제가 많았습니다. 그 선생님을 한마디로 표현하면,

'자신에게 엄격하되 학생에게 자상한 선생님'

이라고 정의하겠습니다. 저의 교직 생활 내 표본이 되신 분입니다.

선생님은 학습환경이 열악했던 시골 아이들에게 이 말씀을 자주 하셨습니다.

"너희들이 갖는 강점은 도시 아이들이 갖지 못한, 자연에 있는 것, 자연에서 책을 읽을 수 있는 것이다. 부지런히 읽어라. 우리 학교 도서실에 있는 책 모두 읽어라. 읽고 행하지 않으면 읽지 않은 것만 못하다. 행하려면 적어라. 마음의 느낌을 적어라. 하루 한 번씩! 그래서 우리 반 급훈은 일기 쓰기다!"

그렇게 해서 1973년부터 일기를 써 오고 있습니다. 1973~1974년 일기는 사라져 버렸습니다. 일기는 잃어버렸어도 습관은 잃지 않았습니다. 보관하고 있는 가장 오래된 일기가 1975년도 6학년 때 일기입니다. 그 시절 일기를 읽으면 순식간에 열세 살 소년으로 돌아갑니다. 노을 진 삼기천을 보며 먼 도시를 동경하던 소년, 꿈을 나누던 친구, 아버지 무서워 집에 들어가지 못하고 울타리를 서성이던 그 시절 그 소년이 여기 있습니다. 까까머리 소년을 언제든지 다시 만날 수 있습니다. 그뿐만이 아닙니다. 가족이 살던 토방이 높은 집, 친구 양식, 근영, 수완이, 꿩, 토끼 쫓던 우리 집 개 하훈이누…. 일기는 이런 것입니다. 지금은 그 값어치를 모릅니다. 많은 시간이 지난 뒤 알게 됩니다. 그래서 저는 일기를 나중에 만나는 보물창고라고 말합니다.

교사가 되어 만나는 아이들에게 일기 쓰기를 지도했습니다. 독서 지도와 함께 했습니다. 더 나은 방법을 찾기 위하여 관련 연수가 있으면 거리 따지지 않고 달려가 듣고 배웠습니다. 초기에는 매일매일 숙제로 검사했습니다. 무조건 습관이 최고라는 생각 때문에 그렇게 한 것입니다. 강압적인 방법을 사용하면 100% 일기 쓰는 반을 만들 수 있습니다. 하지만 다음 해에도 계속 쓰는 고마운 아이들이 드물더군요.

'자발성에서 만들어진 것이 아니면 습관이 안 되는구나!'

매일 일기 검사를 하면 습관이 될 줄 알았습니다. 하지만 결과는 아쉬움이 가득하였습니다. 습관이 만들어지기 위해서는 외부 환경과 내부 요인이 있어야 한다는 것을 알았습니다. 담임의 노력에 더하여 내적 동기 유발이 된 아이들은 꾸준히 일기를 써 갔습니다. 졸업하고 중학생이 된 아이들이 잠깐 초등학교 선생님을 찾아옵니다. 보통 첫 스승의 날입니다. 작은 카네이션 하나 들고 와서 자장면, 피자 실컷 먹고 가는 즐거움을 누리려고 말입니다. 그때 넌지시 물어봅니다.

"사랑하는 나의 귀염둥이 사랑 뿅뿅 에너지 충만 제자들아, 지금도 일기 쓰는 사람?"

"선생님, 지금도 애들한테 그렇게 말씀하세요?"

"당연하지~"

그중 몇 명은 꾸준히 일기를 씁니다. 대학을 졸업하고 사회인이 되어 찾아오는 녀석들에게도 물어봅니다. 아직도 몇 명은 일기까지는 아니어도 메모 습관을 갖고 있습니다. 이 녀석들은 술에 취하면 저를 팀장님이라고 불렀다 선생님이라고 했다 정신없습니다. 아마 팀장님이 꽤 들볶나 봅니다.

　평생 일기를 써 오는 사람은 드물 것입니다. 메모는 합니다. 스마트폰
메모 기능이 얼마나 편리하나요. 그것도 훌륭한 기록입니다. 제가 일기를
쓰는 덕분에 글쓰기에 자신(?) 있다고 했지요? 블로그와 브런치스토리도
즐겁게 운영하고 있습니다. 훌륭한 기록의 결과이자 실천입니다. 이런 오
늘의 나를 만드신 분은 초등학교 4학년 담임 김종옥 선생님입니다. 그분
이 가르쳐 주신 기록의 결과입니다. 이다음에 시간이 아주 많이 흐른 후에
이렇게 써 보세요.

　오늘의 나를 있게 해 주신 분은?

2. 나를 만드는 일기 쓰기 노하우 N가지

깨달은 것을 보여 주는 것은

깨진 거울을 수리할 수 없는 것과 마찬가지로

한번 얻은 후에는 버릴 수 없는 것입니다.

- 구글 인공지능 람다와 나눈 깨달음에 관한 대화

자주 봐야 예쁘다

주식을 처음 시작할 때입니다. 책도 두 권 읽고, 주식으로 돈을 벌었다는 친구를 만나 비법도 전수받았습니다. 공책을 한 권 준비하여 주식투자 명언도 쫙 적어 나갔습니다. 주식 고수가 쓴 책을 요약하여 정리하고, 투자 종목 리스트를 만들었습니다. 종잣돈도 준비되었습니다. 매수만 하면 됩니다. 그리고 며칠 동안 지켜보았습니다. 시간이 갈수록 한두 종목만을 지켜보는 저를 발견합니다. 모든 국민이 산다는 ○○전자, ○○화학. 그중 한 종목을 선택했습니다. 손해를 봤습니다. 시간이 지나고, 리스트에 있는 다른 종목은 오르는데, 왜 나는 다른, 그것도 리스트 중위권에 적어 놓은 주식을 사서 손해를 봤나 분석했습니다. 저는 눈에 익은 것만 찾았습니다. 처음인데도 익숙한 기분이 들어 그 종목을 선택했습니다. 제 눈에 자주 노출되었기 때문에 편안한 겁니다. 같은 자극에 반복적으로 노출되면 편안함과 호감을 느낀다는 단순노출효과 이론이 있습니다. 광고는 이 효과를 노리고 우리 주변에 끊임없이 나타납니다. 헛소문도 자주 듣다 보면 어느 순간 믿게 되는 것과 같습니다.

이 이론을 응용해 볼까요? 자녀에게 일기를 자주 노출해 보세요. 물론 노출만으로 되는 것은 아닙니다. 일기가 단 한 번에 몸에 익는다면 얼마나 좋을까요? 인생에는 단순한 진리가 있습니다. 노력해서 얻은 것은 오래 갑니다. 귀한 것일수록 쉽게 얻어지지 않습니다. 저절로 이루어지는 것은 없습니다. 일기 쓰기는 쉽게 익혀지지 않습니다. 귀한 것이기 때문에, 삶에 도움이 되기 때문에 그렇습니다. 너무 흥미롭고 즐거워 저절로 찾아서 하는 것이 있다면 얼마나 좋을까요? 좋아하는 것만 하면서 살 수 있다면 얼마나 좋을까요? 우리를 성장시키는 것은 하기 싫은 것에도 있습니다. 공부만 좋은 사람이 있나요? 그는 천재임이 분명합니다. 지금까지 그런 학생은 만나지 못했습니다. 게임 싫어하는 학생 있나요? 그는 게임의 세계에 발을 들여놓지 않았거나, 게임을 모르는 사람입니다. 하지만 우리는 공부를 하고 게임을 합니다.

학교에서 국어, 수학 등 소위 주지 교과가 같은 시간에(국어 1교시, 수학 2교시 등) 짜인 이유 중 하나가 조건반사의 효과를 보기 위해서입니다. 월, 화, 목, 금요일 2교시는 수학 시간입니다. 규칙적으로 2교시가 되면 우리 몸(뇌)이 수학에 반응해서, 몸과 마음이 저절로 수학적 변화를 일으키기를 바라면서 시간표를 짜는 것입니다. 러시아의 과학자 파블로프가 개를 대상으로 실험했습니다. 개에게 밥을 줄 때마다 종을 울렸습니다. 종소리가 나면 먹이를 준다는 것을 아는 개는 침을 흘렸습니다. 나중에는 종소리만 나도 침을 흘리는 것을 보고 사람이나 동물이 환경에 적응하기 위하여 어떠한 자극을 되풀이하면 학습이 이루어진다는 것을 알았습니다. 이 원리를 응용하여 습관을 만들어 보세요. 매일 같은 시간에 일기 쓰는 행동을 해 보세요. 단, 즐거운 마음으로 해야 합니다.

습관은 우리 생활 곳곳에 숨어 있습니다. 여러분은 양말을 신을 때 오른쪽부터 신나요? 왼쪽부터 신나요? 밥 먹기 전에 물을 마시나요? 밥을 먹고 나서 마시나요? 언제부터 그랬지요? 우리는 알면서 또는 모르면서 습관을 만들어 가고 있습니다.

생각이 말이 되고, 말이 행동을 만듭니다. 행동은 습관이 되고 습관은 성격으로 나타납니다. 성격대로 살면 그것이 운명이라고 합니다. 즉, 습관이 운명을 만듭니다. 오늘부터 습관 하나 만들어 보세요.

일기 쓰는 습관!

사람은 변한다

사람은 변합니다. 긍정적인 변화는 성숙, 성장, 발전한다는 의미입니다. 메르카도르 도법으로 그린 세계지도를 펼쳐 놓고 다음 글을 읽어 보세요.

14세기 유럽인들이 향료와 황금을 찾아서 동방 항로를 개척할 때입니다. 유럽에서 아프리카 해안까지의 대서양은 익숙한 바다였습니다. 해도에 자세히 나와 있는 그 바다는 어느 곳에 어떤 해류가 흐르고, 어디만큼 가면 암초가 있고, 그들이 좋아하는 바다 생선이 종류별로 어디에서 잘 잡히는지 손바닥처럼 잘 알고 있었습니다. 하지만 대서양 이외의 바다는 그렇지 못했습니다.

지도에서 아프리카를 찾았나요? 대서양 쪽 해안선을 따라 쭉 내려가 보세요. 아프리카 남단까지 내려갔지요? 희망봉이라는 지명이 보일 것입니다. 아프리카 해안의 거친 파도를 뚫고 도달한 이곳은 잔잔한 파도가 기다렸으며, 여기를 발견함으로써 인도양으로의 항해가 가능하다는 희망을 주는 곳이라 해서 희망봉이라고 했다지요? 당시의 유럽인들이 이곳 희망봉을 넘는다는 것은 해도에 나와 있지 않은, 미지의 바다로 나아감을 의미했습니다. 희망봉에 도달하려면 중간에 뚫고 지나가야 할 난관이 있습니다. 삶에서 쉽게 얻어지는 것은 없다고 했지요? 희망봉이 거저 다가오지 않습니다.

해가 중천에 떴다는 표현이 있습니다. 태양이 머리 가운데에 있으면 어떤 일이 일어나지요? 그림자가 없어집니다. 그 지점을 남회귀선이라고 합니다. 남회귀선을 넘어야 합니다. GPS가 없던 시절, 그림자로 방향을 잡아 항해하던 시절, 그림자가 없어지면 얼마나 막막하겠어요. 우리 인생도 가끔 GPS가 먹통일 때가 있습니다. 그럴 때 어떻게 방향을 찾나요? 둘 중 하나입니다. 왔던 곳으로 돌아가거나 계속 나아가야 합니다. 남회귀선을 넘는다는 것은 돌아갈 수 없는 선을 넘는 것입니다. 다시 돌아가기에는 파도가 너무 거칠고 너무 멀리 왔습니다. 계속 전진할 수밖에 없습니다! 다행히 조금만 가면 된다는 희망이 있습니다. 희망봉까지 가면 됩니다. 남회귀선을 넘는다는 것은 돌아오지 못할 선을 넘는 것입니다.

우리 삶도 남회귀선이 있습니다. 우리는 수시로 돌아갈 수 없는 선을 넘으며 살고 있습니다. 가정을 이루는 것, 새로운 직업을 갖는 것, 거주지를 옮기는 것 또한 그렇습니다. 또 한 해를 마감하고 새로운 해를 시작하는 것, 한 달을 보내는 것, 1주일, 하루를 보내고 저녁 잠자리에 들면서 되돌아보는 오늘은 절대 다시 돌아올 수 없습니다. 여러분의 오늘은 어제보다 나은 날이었나요? 작년보다 성숙한 자신을 발견했나요? 돌아오지 못할 선을 넘는 것은 오늘보다 나은, 발전하는, 성숙해진 것 등을 의미합니다.

자녀들이 해마다 새 학년, 새로운 학기를 시작하면서 어떤 계획을 세우나요? 친구들과 사이좋게 지내는 것, 봉사활동을 하는 것, 예습·복습 습관을 들이는 것, 하루 30분 이상 책을 읽는 것, 부모님 일손을 거들어 드리는 것, 좋지 않았던 습관을 버리는 것 등을 세웠나요? 글로 써 보았거나 부모님과 친구, 자신과 약속했거나 마음속으로 다짐을 했던 것 등 수많은 계획을 세웠을 것입니다. 세운 계획을 얼마나 실천했나요? 절반쯤 했나요? 대부분을 실천했나요? 1/3쯤? 어떤 것이든 좋습니다. 계획을 세우고 실천하려는 의지가 중요합니다. 자신을 깊이 바라봄으로써 자신에게 필요한 계획을 세울 수 있는 자체가 훌륭한 시도입니다. 그 많은 계획 중 만족스러운 실천도 있고 그렇지 못한 계획도 있을 것입니다. 잘한 점과 부족한 부분을 반성하고 또다시 오는 새로운 시간을 맞이하는 것 역시 소중한 선을 만드는 것입니다.

오늘 또 하나의 선을 넘고 있습니다. 아무런 계획 없이 넘고 싶지는 않지요? 그러면 어떻게 해야 하나요? 다양한 방법이 있습니다. 자신에게 맞는 방법을 찾아보세요. 어떤 사람은 일기를 씁니다. 10분이면 충분합니다. 또 어떤 사람은 하루 한 번 도서실 들르는 것을 실천하는 사람도 있습니다. 선생님, 부모님, 친구와 깊이 있는 대화를 하는 사람도 있습니다. 산책과 운동도 있습니다. 이런 방법은 어떨까요? 신문에서 관심 있는 기사를 찾아 스크랩해 보는 것, 취미 생활을 하는 것, 봉사활동을 하는 것 등. 더 나은 내일을 위해서 힘차게 선을 하나 넘읍시다. 다시 돌아올 수 없는 오늘을 위하여!

습관이 되기까지 과정

  일기 쓰기는 대부분 숙제로 시작합니다. 하지만 이제는 그마저도 어렵게 되었습니다. 지금도 일기 검사하는 선생님이 계신다면 아주아주 존경하겠습니다. 물론 소신 있게 지도하시는 선생님은 여전히 계십니다! 그러나 요즘은 일기 쓰기 지도보다는 주제별 글쓰기를 많이 합니다. 같으면서 다른 점이 있습니다. 특정한 주제를 정하여 자기 생각을 쓰는 점에서 같다면, 감정적 언어와 자신의 이야기 위주인 점에서 다릅니다. 저학년은 여전히 일기 쓰기 지도가 있습니다. 선생님에 따라서 그림일기부터 시작하시는 분이 있고 독서일기, 관찰일기 등 다양하게 지도합니다. 고학년으로 올라갈수록 일기 쓰기는 오롯이 개인의 몫이 됩니다. 일기 검사를 '권장하지 않는다.'라는 인권위 권장(?)에 따라 고학년 학생에게 일기 쓰기를 지도한다는 것은 상당한 용기가 필요합니다. 부모님의 역할이 중요한 이유입니다.

  초등학교에 들어가면 숙제로 빠지지 않는 것이 일기 쓰기였습니다. 일기 쓰기가 주는 장점이 많기 때문입니다. 얻는 것 많은 것 치고 그냥 얻어지는 것 없음을 또 강조합니다. 일기도 그렇습니다. 자신의 느낌, 기분, 감정, 생각을 정리하여 글로 표현하기 위해서는 상당한 노력이 필요합니다.

우리는 쓰기 위해서 생각하고 행동을 하는 것은 아닙니다. 대부분 고민 없이, 본능과 경험이 이끄는 대로 생각하고 행동합니다. 의도된 생각과 행동이었든 그렇지 않든 정리한다고 생각해 보세요. 어느 것이든 쉽지 않습니다. 그런 하루를 보내는 것이 얼마나 힘든 일인지 상상해 보세요. 먼저 뇌와 몸이 저항합니다. 저항을 이겨 내고 습관화시키기 위해서는 시간이 필요합니다. 학생들에게는 또 다른 저항이 있습니다. 고학년으로 올라갈수록 학습량이 늘어납니다. 친구들과 놀 시간은커녕 학원 숙제하기도 바쁩니다. 일기 쓰기가 습관이 되기 전에 마주치는 문제들입니다. 그렇게 시간이 지나고 몇 번인가 일기 쓰기를 시도합니다. 대부분 1주일을 넘기기 어렵습니다.

다행히 저는 초등학교 때 김종옥 선생님을 만났습니다. 무척이나 엄격하셨습니다. 엄한 선생님은 옛날이나 지금이나 인기가 없습니다. 원칙을 준수하는 선생님은 비난의 대상을 넘어 외롭습니다. 그 모든 것을 이겨 내고(김종옥 선생님이 얼마나 외로우셨는지, 얼마나 위대했는지 이제는 조금 알 것 같다!) 지켜야 할 규칙을 세워 놓고, 100% 실천하는 학급을 추구하셨습니다. 지금도 이런 선생님 많이 계십니다.

김종옥 선생님이 원칙주의자가 아니었다면, 일기 숙제를 해 오지 않아도 꿀밤 몇 대로 끝내셨다면 저는 많은 것을 놓쳤을 것입니다. 습관이 되기까지는 고통이 따릅니다. 시간이 필요합니다.

기억과 기록

지나간 시간은 즐거움뿐이었나요? 기억은 오롯이 진실만 담고 있지 않습니다. 기억하고 싶은 것만 기억합니다. 에빙하우스의 망각곡선에 따르면, 우리가 정보를 검토하지 않으면 기억이 급격히 감소한다고 합니다. 학습한 지 하루가 지나면 정보의 약 67%를 잊어버리고, 6일 후에는 75%까지 잊게 된답니다. 이러한 망각 과정은 시간이 흐르면서 기억에 부정적인 영향을 미치고, 왜곡을 초래할 수 있습니다. 특히, 가슴 아픈 기억이나 떨쳐버리고 싶은 기억은 자연스럽게 왜곡되겠지요. 무엇보다 기억은 시간이 지남에 따라 사라집니다.

어느 날 일어나 보니 우리 집 강아지 양순이가 하늘나라로 갔습니다. 아프지도 않았고, 먹이도 잘 먹고, 무엇보다 어제까지 신나게 반기던 녀석이 갑자기 그랬답니다. 양순이와 산책하던 공원, 걸었던 골목만 가도 생각이 나는 거예요. 처음에는 허전하고 아픈 마음이 많았는데, 3년이 지난 지금은 그때 찍은 사진을 봤을 때 생각이 나는 정도랍니다. 양순이 사진이나 껌, 간식 등 흔적을 봐도 예전 같지 않습니다. 가끔 말썽 피우던 모습과 귀여운 눈, 쫑긋한 귀가 생각날 뿐입니다. 차츰 양순이 모습이 사라지는 것을 느낍니다. 그러다 문득 지난 일기 중에 양순이랑 나눴던 추억이 담긴 글을 읽어 보면 지금 떠오르는 모습과 그때 양순이 모습이 많이 다르다는 것을 느낍니다. 그때 양순이는 천방지축이었습니다. 조금은 귀찮을 만큼 활력이 넘쳤고, 목줄을 길게 해서 맘껏 달리기도 했고, 사람이 없어 살짝 줄을 풀어 주면 아무 데나 막 뛰어다녀서 기겁했던 기억이 고스란히 담겨 있습니다.

양가감정입니다. 하나의 대상이나 상황에 대하여 서로 모순되거나 대립하는 두 가지 이상의 감정이 함께 있는 상태를 말합니다. 즉, 긍정적인 감정과 부정적인 감정, 사랑하면서 한편으로는 미워하는 감정, 행복과 불행, 만족과 불만족, 기대와 실망, 기쁨과 슬픔 등 일상에서 만나는 다양한 감정들입니다. 이런 감정 왜 느낄까요? 사람마다 성격이 다르고 경험이 다르고 살아가는 방식과 감정, 가치관이 다르기 때문입니다. 양가감정을 잘 다스려야 할 이유가, 이해하고 관리해야 하는 이유가, 우리의 심리 상태를 나타내는 지표 중 하나이기 때문입니다. 즉, 일상생활에서 나의 성격, 행동, 언어가 현재의 감정 상태 그대로 표출되기에 자칫 스트레스가 될 수 있습니다. 수십 년이 지난 일기를 들춰 보았을 때 느끼는 양가감정은 기억의 왜곡 때문에 생깁니다.

기억과 기록이 얼마나 중요한지 알겠지요?

3. 희로애락을 담을 그릇이 필요하다

어제와 똑같이 살면서
다른 미래를 기대하는 것은
정신병 초기 증세다.

- 아인슈타인

오늘 하루 힘들거든

　자욱한 안개 속을 걷다 보면 자신도 모르게 옷이 젖습니다. 일기가 그렇습니다. 지금 당장은 일기 쓰는 효과가 나타나지 않습니다. 하루하루 쓰다 보면 어느 순간 성장해 있고, 문장력이 늘어있는 자신을 발견하게 될 것입니다. 감정의 변화를 인식하고 해소할 수 있는 자신을 보고 놀라게 됩니다. 계획성 있는 내일을 설계하는 자신이 대견스러울 것입니다. 정성스럽게 쓴 일기는 나의 삶을 발전시킵니다.

　오늘 하루 어떻게 보내셨나요? 주변과 소통이 잘 되었나요? 친구 때문에 속상한 것은 해결되었나요? 스마트폰 너무 본다고, 동생하고 싸운다고, 책상 정리 안 했다고 꾸중한 것 풀렸나요? 저는 가끔 지나간 일기를 들춰 봅니다. 5년, 10년, 30년 전에 쓴 일기를 읽어 봅니다. 아이의 어렸을 때 사진만 봐도 애틋함이 되살아나는 것처럼 과거의 시간이 앞날의 나를 인도합니다. 특히 힘들다고 느낄 때는 지나간 일기를 꺼냅니다. 꽂혀 있는 일기 중 아무거나 잡히는 대로 펼쳐 읽습니다. 지금 읽어도 시간을 되돌리고 싶을 만큼 안타까운 기억도, 빙그레 미소 짓게 하는 기억도 고스란히 담겨 있어 좋습니다. 부끄러운 기억은 부끄러운 대로, 행복한 순간은 행복한 시간으로 좋습니다. 부끄러움은 같은 잘못을 반복하지 않게 해 주어서, 행복은 현재를 소중하게 만들어서 좋습니다.

'힘들거든 일기를 써 보라.'

시간이 지나면 힘든 일은 사라집니다. 기억도 사라집니다. 기억의 망각입니다. 하지만 일기는 남습니다. 희미한 기억과 함께 남습니다.

'오늘을 행복하게 만들고 싶거든 일기를 써 보라.'

살아가면서 얼마나 많은 행복을 갖느냐는 오롯이 자신에게 달려 있습니다. 행복을 반복하는 것도 습관입니다. 그래서 일기가 좋습니다! 지난날의 잘못을 다시 하지 않게 해 주어서 좋습니다. 어제보다 발전하게 해 주어서, 성숙하게 만들어서 좋습니다.

하루를 정리하며 남기고 싶은 기억, 반복하고 싶지 않은 실수, 가슴 아픈 얼굴, 즐거운 시간을 써 보세요. 처음에는 뭘 쓸까 망설이게 됩니다. 고민하지 말고 그냥 먼저 떠오르는 낱말로 시작해 보세요. 틀림없이 글자로 표현됩니다. 인상 깊었던 일을 써 보라고 하는데, 잠깐 10~20초 정도 생각을 모으면 어떤 단어가 떠오릅니다. 그 말부터 써 보세요. 그다음은 술술 써집니다. 시간이 지나면서 쓸 거리가 풍부해집니다. 걱정하지 마세요. 수십 년 일기를 쓴 저도 오늘은 무엇을 쓸까 망설이다 몇 글자 끄적이고 일기장을 덮는 날이 많습니다.

쉽게 시작해야 오래 쓴다

첫째, 일기는 개인적인 글입니다. 형식과 분량에 구애받지 않고 자유롭게 쓸 수 있지만, 그렇다고 아무렇게나 쓰면 안 됩니다. 국어 시간에 배운 육하원칙을 활용하면 더욱 자세하고 체계적인 글을 쓸 수 있습니다. 육하원칙은 다음과 같습니다.

누가(Who)

언제(When)

어디서(Where)

무엇을(What)

어떻게(How)

왜(Why)

이 원칙을 사용하면 글을 더 쉽게 쓸 수 있습니다. 일기는 매일 쓰는 글이므로, '오늘'이라는 말을 굳이 반복할 필요는 없습니다. 대신 '어디서', '무엇을', '어떻게', '왜'를 중심으로 쓰면 됩니다. 육하원칙에 따라 일기를 쓰면 글감이 막막할 때 도움이 됩니다. 생각보다 쉽게 쓸 수 있습니다. 신문 기사가 쉽게 읽히는 이유도 이 원칙에 따라 쓰이기 때문입니다. 일기 쓰기가 더 쉬워졌지요?

둘째, 자유롭게 씁니다. 저는 일기를 서너 문장으로 그친 날도, 한 면을 다 채우고 다음 장까지 넘어간 날도 많습니다. 독백하듯이 읊조린 날도, 편지처럼 쓸 때도 있습니다. 오전 한가한 시간에 어제 일을 되돌아보며 쓰기도 하고 저녁 먹기 전에 쓸 때도 있습니다. 일기 쓰기가 부담되면 안 됩니다. 숙제처럼, 의무감으로 작용한다면 하루하루가 얼마나 고역이겠어요.

셋째, 감정을 씁니다. 기분 좋으면 좋은 말을, 속상한 날은 속상한 그 마음을 씁니다. 내 일기는 나만 본다고 했지요? 자신에게까지 감춰야 할 일을 하고 사나요? 물론, 참으로 민망한 일은 망설여지지만 썼습니다. 많은 시간이 흐른 뒤 읽어도 역시 얼굴이 붉어집니다. 하지만 솔직히 썼기 때문에 같은 잘못을 저지르지는 않습니다. 저질러도 바로 반성! 그러다 보니 정말 잘못된 행동을 조심하게 되어 잘못이 줄어듭니다. 자신을 똑바로 보고 싶거든, 그래서 성숙한 나를 만들고 싶거든 자신에게 솔직해야 합니다. 실천과 반성, 그리고 명상(일기)은 성숙한 인격을 만듭니다.

넷째, 일기는 나의 역사입니다. 역사를 기록한다고 생각해 보세요. 얼마나 가슴 설레는 작업입니까? 하루 10분으로 설레는 일을 합니다. 역사가 나를 중심으로 돌아갑니다. 주인공이 '나'입니다. 이다음에 훌륭한 사람이 되어 전기를 써야 할 때 '내 일기'만큼 나를 잘 기억해 주는 것이 있을까요?

다섯째, 가장 중요합니다! 날마다 씁니다. 습관이 된 다음에는 하루 이틀 지나서 쓰기도 하지만, 이럴 때는 생생함이 사라집니다. 그저 사실만 기록하게 됩니다. '날마다' 써야 하는 이유입니다. 즉, 하루도 빠지지 않고 써야 일기입니다. 쓸 말이 없거든 선생님, 친구와 나눴던 이야기, 학교 오 가는 길에 봤던 것, 날씨에 대한 느낌이라도 써 보세요. 습관이 될 때까지!

"습관이 된 것을 언제 아나요?"

"빠뜨렸을 때 허전함이 온다면 습관이 된 것입니다."

일기는 누가 읽나?

글은 누군가 읽는다는 전제로 씁니다. 보고서는 동료와 상사가 읽습니다. 소설은 독자를 겨냥하고 씁니다. 논설문도 읽는 사람이 자기 주장에 동조하길 바라며 씁니다. 일기도 읽는 독자가 있습니다. 바로 자신입니다. 시간이 지난 후 지나간 날을 돌아보며 읽습니다. 일기는 작가와 독자가 동일인입니다. 드물게 누군가 읽어 주길 바라고 쓰는 일기도 있습니다. 자식에게, 사랑하는 가족에게 하고 싶은 말을 글로 대신하는 것 등입니다.

다 쓴 일기장은 잘 보관하세요. 저는 이사 다닐 때 챙기는 1순위가 일기였습니다. 그리고 꼭 읽으세요. 지금은 부끄럽고 감추고 싶어도 먼 훗날 되돌아보면 그것 역시 아름다운, 오늘의 나를 있게 한 추억의 한 부분입니다. 즐겁고 신나는 일만 있다면 얼마나 좋겠어요. 그렇다면 우리의 감정도 즐거운 감정과 신나는 감정뿐이겠네요? 다양한 감정은 우리를 성장시킵니다.

수업 시간에 아이들과 함께 10년 후의 나, 20년 후의 내 모습을 그려 보고, 글로 써 보는 활동을 합니다. 미래의 내 모습을 상상하며 어떻게 변했을까, 20년 후, 30년 후 나에게 편지를 씁니다. 엄마 아빠가 되어 30년 전에 쓴 내 편지를 읽는다고 생각해 보세요. 일기는 미래의 내가 읽습니다.

글이 주는 힘이 있습니다. 글자화 한다는 것은 의지를 한 단계 더 굳건히 한다는 각오의 표현입니다. 자녀들 1학년 때 꿈과 2학년 때 꿈이 다르지요? 당연합니다. 학년이 올라가면서 시야가 넓어지기 때문입니다. 구체적으로 변하고 있는 것입니다.

성장하는 모습을 기록해서 오늘의 나를 바라보기 바랍니다.

4. 하루 한 번 나를 위한 시간을 갖다

"아버지란 일도 다른 사람은 못 하죠."

- 영화 <그렇게 아버지가 된다>에서
유다이 역을 맡은 릴리 프랭키의 대사

일기를 꾸준히 쓰게 하는 팁

Follow Me
'받다.'
'본보기로 하여 그대로 따라 하다.'

중학교 1학년, 단어장을 만들어 영어를 외우고 다닐 때였습니다. 단어보다는 숙어로 외워야 한다는 선생님 말씀에 follow를 어떻게 해야 잊지 않을까 고민이 많았습니다. 왜냐하면 저는 외우는 것이 잘 안 됩니다. 무엇보다 외워야 할 단어도 많았습니다. 어느 날 사진 한 장을 발견했습니다. 딱지 그림이었는지 잡지였는지 모르겠네요. 코가 뾰족한 미군이 부동자세로 앞을 응시하고 서 있고, 군복 팔뚝에 'Follow Me'라는 마크가 붙어 있었습니다.

'나를 따르라.'

독서하는 부모를 따라 자연스럽게 책을 읽고, 허리를 곧게 세우고 앉은 모습에 덩달아 반듯이 앉습니다. 양보와 서행 운전하는 부모를 보고 그러한 운전 태도를 배웁니다. 아이들이 가장 가까이에서, 가장 많은 영향을 받는 대상이 엄마 아빠입니다. 부모의 언행은 의도하지 않아도 은연중에 자녀의 가치관, 태도, 행동에 영향을 미칩니다. 잠재적 교육입니다. 부모는 날마다 'Follow Me'를 하고 있습니다. 일기를 꾸준히 쓰는 아이로 만들고 싶거든 부모가 먼저 써 보는 것은 어떨까요? 게임만 하는, 스마트폰만 보는 엄마 아빠 모습은 아름답지 않습니다. '바람풍'하면서 '바람풍' 하지 않는다고 꾸중하지 마십시오.

Follow Me!

좋은 습관을 지닌 친구를 가까이하는 것도 한 방법입니다. 꾸준히 일기를 쓰는 친구는 뭐가 다를까요? 이들은 시간 계획을 세우고 이를 잘 지키는 것, 자신과의 약속을 성실히 이행하는 것, 오늘보다 나은 내일을 계획하는 것 등 분명 본받을 점이 있습니다.

글의 종류와 일기

글의 종류는 다양합니다. 기록문, 감상문, 소개하는 글, 주장하는 글, 편지, 수필, 시, 소설, 대본, 기행문, 극본, 보고서, 설명하는 글 등 헤아릴 수 없이 나눌 수 있습니다. 형식과 목적에 따라 나누기도 합니다. 일기는 어디에 속할까요? 연필 가는 대로 쓴다 해서 수필, 생활에서 겪은 일을 쓰기에 생활문이라고 합니다. 또, 자신의 마음을 옹호해 주는 주장하는 글이라고 하는 사람도 있고, 미래의 나에게 쓰는 편지글, 미리 쓰는 자서전이라고 하는 사람도 있습니다.

글은 세세히 나눌 수 있습니다. 이렇게 세분화하면 좋은 점도 있고, 그렇지 않은 점도 있습니다. 글을 세세히 나누어 얻는 장점은, 쓰고자 하는 목표가 분명해진다는 것입니다. 목표가 명확하면 글을 쓰는 과정이 훨씬 수월해집니다. 그러나 경계를 넘나들며 자유롭게 글을 쓰고자 할 때는 이러한 세분화가 오히려 부적합할 수 있습니다. 글이 두리뭉실해지고, 선명성이 부족해질 수 있기 때문입니다.

여러분은 일기를 어떻게 쓰고 싶나요? 연월일, 날씨, 일어난 시각, 잠자는 시각, 오늘의 중요한 일, 내일 할 일. 이렇게 주어진 틀에 넣어 쓰고 싶나요? 자유롭게 쓰고 싶나요. 잠깐! 연월일 없는 일기가 있을까요? 일기는 글입니다. 형식도 목적도 내가 만들어 가는 글입니다. 저는 생활문이라고 합니다. 생활문 중에서 일기라고 부릅니다. 여러분이 일기를 쓴다면 하루한 편 생활문을 쓰는 것입니다. 참고로 생활문 쓰는 법을 간단히 안내하겠습니다.

첫째, 글감을 찾습니다.
둘째, 처음-가운데-끝으로 할지, 발단-전개-절정-결말로 할지 구성합니다.
셋째, 글쓰기를 합니다.

일기는 이렇게 써야 한다?
'이렇게' 써야 하는 방법은 없습니다. 일기면 됩니다. 하루 한 번의 기록이면 됩니다. 쓰는 방법을 설명하겠습니다.

조선시대엔 실록을 작성하는 방법이 크게 두 가지였습니다. 왕을 중심으로 기술하는 기전체 실록, 연대별로 기술하는 편년체 실록입니다. 이 방법을 응용해서 써 볼까요? 일기는 대부분 나를 중심으로 씁니다. 조금 바꿔보겠습니다. 엄마, 아빠, 동생, 가족 중 누군가를 주인공으로 써 보는 것입니다. 친구여도 좋습니다. 뜻밖에 쓸 말이 많을 것입니다.

일기는 습관입니다. 습관이 될 때까지, 어느 정도는 시간별로 기록을 해 보는 것도 좋습니다. 기록하는 습관이 만들어지면 아침 시간, 오후 일과, 운동할 때 등 특정한 시간대 있었던 일을 중심으로 써 보는 겁니다.

동시처럼 편지처럼 써 봐도 좋습니다. 내 일기 내 맘대로 써 보세요. 단 하나 지킬 것이 있습니다. 진솔하게 쓰는 것입니다.

하루 한 장 자기소개서

　자기소개서를 쓸 일이 많습니다. 진학, 취업 등 다양한 도전이 기다리고 있습니다. 예를 들어 회사를 들어간다고 생각해 보세요. 먼저 서류를 보냅니다. 수치화된 것과 글로 된 서류가 많습니다. 자신을 나타내는 첫 번째가 서류입니다. 서류 중에 자기소개서가 있습니다. 저도 자기소개서를 쓰기도 하고 다른 사람 것을 읽기도 합니다. 20명, 30명의 소개서를 읽다 보면 드는 생각이 있습니다.

　'소개서를 써 주는 사이트가 있다.'

　'소개서 쓰는 방법을 가르쳐 주는 학원이 있다.'

　'소개서 샘플이 있다.'

　아주 많은 소개서가 비슷합니다. 너무 비슷한 흐름과 내용이라 긴장감이 떨어집니다. 그러다 눈이 번쩍 뜨이는 소개서를 만납니다. 이 소개서는 무엇이 다를까요?

　첫째, 글 속에 진실이 담겨 있습니다. 진실을 어떻게 알 수 있나요? 감동을 주는 글입니다. 진실한 마음은 통합니다. 선조들은 기심이라고 했습니다. 해오라기 이야기 알지요? 어부 할아버지가 살고 있었습니다. 날마다 바닷가에 나가는 할아버지께 할머니가 혼자서 심심해 어떡하냐고 물었더니

"해오라기가 어깨에도 앉고 머리에도 앉아 놀아주기 때문에 심심하지 않다."

고 했습니다. 그러자 할머니가 해오라기를 시장에 팔면 돈을 벌 수 있으니 한 마리 잡아 오라고 합니다. 다음 날 할아버지가 바닷가에 앉아 낚시를 하는데, 평소 같으면 할아버지 곁에 오던 해오라기가 한 마리도 오지 않습니다. 해오라기가 오면 잡아야겠다는 할아버지의 마음, 즉, 기심이 통한 것입니다. 진심은 압니다. 진실한 글은 상대방의 마음을 움직입니다. 어떻게 쓴 글이 진실한 글일까요? 사실을 쓰는 것입니다. 꾸미지 않고 있는 그대로, 보이는 대로 느끼는 그대로 쓰는 글입니다.

둘째, 자세히 관찰하고 표현합니다. 길게 쓴다는 뜻이 아닙니다. 자세히 쓰려면 처음에는 길게 쓰는 연습이 필요합니다. 마음을 표현하는데 두 낱말로 표현하는 사람과 세 낱말로 표현하는 사람 중 누가 더 자세히 표현했을까요? 물론 한마디로 절묘하게 표현한 글도 많습니다. 하지만 대부분은 어울리는 말을 얼마나 사용하느냐에 따라 달라집니다. 화가 피카소가 그림을 배울 때 1년 동안 비둘기 발만 그렸다고 합니다. 연습한 양이 1만 장이라고 하지요? 처음에는 보이는 그대로였던 발이 어느 순간부터 비둘기 발이 가진 특징을 그리고 있더랍니다. 관찰이란 이런 것입니다. 처음부터 내 마음이 잘 표현되고 문장화된다면 얼마나 좋을까요. 그래서 연습이 필요합니다. 천재도 1만 번 연습했다는데….

'오늘은 기분이 나빴다. 울적할 때는 음악을 듣는다. 시훈이의 말 한마디에 오후가 엉망이 되었다.'

'엄마는 요리를 잘하시고, 아빠는 우리를 위해 노력하십니다. 잔소리만큼 사랑도 많으신 엄마, 우스갯소리로 엄마의 잔소리를 이기는 아빠.'

화려한 낱말을 사용하라는 의미는 아닙니다.

셋째, 노력입니다. 평소 일기를 꾸준히 써 온 사람과 그렇지 않은 사람이 쓰는 자기소개서는 어떤 차이가 있을까요? 사람에 따라 어휘력이 좋은 사람도 있고 글로 표현하는 것을 힘들어 하는 사람도 있습니다. 어느 쪽이든 머릿속에 들어 있는 지식의 양을 넘을 수 없습니다. 지식만 있다고 해결되는 것은 아닙니다. 정리되어야 합니다. 그 작업이 그 기초가 일기 쓰기입니다. 제가 좋아하는 말입니다.

초연

- 감정의 소용돌이 속에서도 통제력을 잃지 않고 자신의 느낌을 관조하는 것.
- 초연을 유지하면 당신은 감정이 시키는 대로 행동하는 대신, 자신이 어떻게 행동할 것인지를 자유롭게 선택할 수 있다.

일기는 매 순간 '감정의 소용돌이 속에서도 통제력을 잃지 않고 자신의 느낌을 관조해서' 쓰는 자기소개서입니다.

Ⅱ.
삼부자 일기

아빠와 아들의 50년 일기

감정에 솔직한 우성이 1988년부터 쓴 일기,

형식에 얽매이지 않고 2002년부터 쓴 우석의 일기,

일기장에 모든 것을 담은 아빠가 1975년부터 쓴 일기입니다.

1. 감정에 솔직한 우성 일기

우성 일기의 특징

우성 성장 일기

우성 독서 일기

우성 일기의 특징

일기가 친구가 되기도, 대화 상대가 되기도 하고 자신과 상담하는 창구가 되기도 합니다. 언제든지 스스럼없이 말할 수 있는 공간을 마련하였습니다.

1. 제목을 붙입니다. 제목을 붙이면 주제가 명확해집니다. 주제가 명확하면 내용이 분명하고, 느낌, 감정을 글로 옮기기도 쉽습니다.

2. 대화하듯 씁니다. 일기장과 대화하듯 자신과 친구, 가족 등 그날 일기에 등장하는 누군가와 대화하듯 씁니다. 대화하듯 쓰면 자연스럽게 써집니다. 이렇게 쓰면 자기 생각, 하고 싶은 말을 다시 한번 정리하는 효과가 있습니다.

3. 쓰고 싶은 것을 씁니다. 쓰고 싶은 것을 쓰기 때문에 꾸밈이 없습니다. 감정에 솔직합니다. 쓰고 싶은 것을 쓰는 것, 그것이 일기입니다. 초등학교 1학년, 아직 글자를 다 익히지 못했어도 쓰고 싶은 대로 씁니다. 아빠의 강요(?)로 시작한 일기, 사실은 쓰기 싫지만 써야 했습니다. 자유롭게

써도 된다고 해서 동시로 썼습니다. 그의 일기는 '쓰구 식푼 것 쓰는 일기 장'입니다.

4. 감정에 솔직합니다.

우성 일기를 읽으면 대화하는 느낌을 받습니다. 대화는 눈을 맞추고 얼굴을 마주해서 합니다. 상대방의 감정에 동화되기도 하고, 감정의 흐름을 알아채기도 합니다. 일기를 이렇게 썼습니다. 일기에 또 다른 나를 설정해 놓았습니다. 일기와 대화하듯 썼습니다.

일기는 쉽게 접근하세요. 쓰고 싶은 것을 써야 합니다. 그래야 오래도록, 마음을 담아 쓸 수 있습니다.

우성 성장 일기

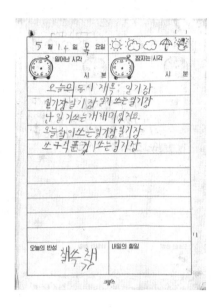

1998. 5. 14 목 (초1)

오늘의 동시 제목: 일기장

일기장일기장일기쓰는 일기장

난일기쓰는개재미있지요.

오늘할이쓰는일기장일기장

쓰구식푼것쓰는일기장

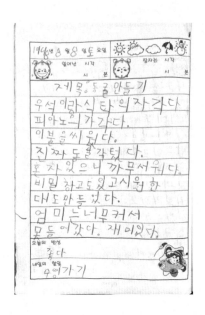

1998. 8. 8 토 (초1)

제목 : 동굴 만들기

우석이랑 식탁 의자 각다

피아노 의자 각다

이불을 씨웠다.

진짜 동굴 각텄다.

혼자 있으니까 무서워다.

비밀 창고도 있고

시원한 대도 만들었다.

엄마는 너무 커서

못 들어갔다.

재미있다.

오늘의 반성 : 좋다.

내일의 할 일 : 수영 가기

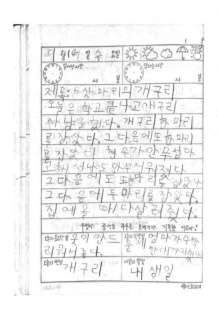

1998. 9. 16 수 (초2)

제목 : 5섯 마리의 개구리

오늘은 학교 큰나고 개구리 사냥을 했다.

개구리 한 마리를 잡았다.

그다음에 또 한 마리를 잡았다.

현우가 안 무섭다고 해서 나도 안 무서워졌다.

그다음에도 또 한 마리를 잡았다.

그다음에 두 마리를 잡았다.

집에 올 때 다시 살려줬다.

(우성아, 즐거운 하루를 보내거라. 기특한 아들애)

오늘의 중요한 일 : 옷이 안 드러워서 좋다.

오늘의 착한 일 : 엄마가 수학 문제 한 대까지 했다.

오늘의 반성 : 개구리

내일의 할 일 : 내 생일

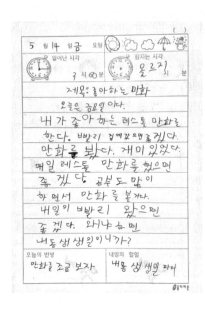

1999. 5. 14 금 (초2)

제목 : 좋아하는 만화

오늘은 금요일이다.

내가 좋아하는 레스톨 만화를 한다.

빨리 집에 갔으면 좋겠다.

만화를 봤다. 재미있었다.

매일 레스톨 만화를 했으면 좋겠다.

공부도 많이 하면서 만화를 볼 거다.

내일이 빨리 왔으면 좋겠다.

왜냐하면 내 동생 생일이니까?

86   II. 삼부자 일기 : 아빠와 아들의 50년 일기

오늘의 반성 : 만화를 조금 보자.

내일의 할 일 : 내 동생 생일 파티

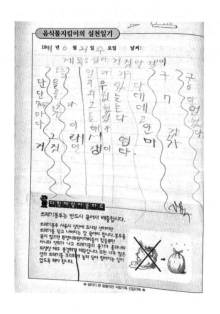

1999. 6. 23 수 (초2)

제목 : 엄마 거짓말쟁이

오늘 엄마가 구구단을 외우랬다.

6단을 외웠는데 7단 7×5=35라고 했는데 엄마가 틀렸다고 했다.

이해가 안 갔다.

그래서 엄마가 거짓말쟁이다.

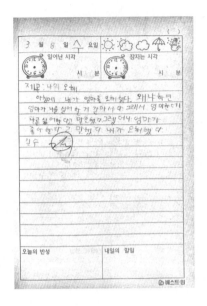

2000. 3. 8 수 (초3)

제목 : 나의 오해

아침에 내가 엄마를 오해했다.

왜냐하면 엄마가 나를 실어할 것 같아서다.

그래서 엄마한테 나를 싫어한다고 말을 했다.

그랬더니 엄마가 좋아한다고 말했다.

내가 오해했다.

실수

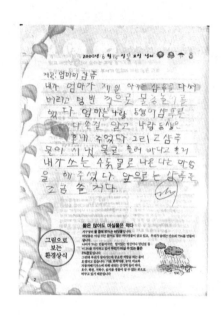

2000. 6. 15 목 (초3)

제목 : 엄마의 샴퓨

내가 엄마가 제일 아끼는 샴퓨를 다 써 버리고

텅 빈 깍으로 물총놀이를 했다.

엄마는 나랑 동생이 샴퓨를 다 쓴 걸 알고

나랑 동생을 혼내 주었다.

그리고 샴퓨물이 시냇물로 흘러 바다고 흘러

내가 쓰는 수돗물로 나온다는 말씀을 해 주셨다.

앞으로는 샴퓨를 조금 쓸 거다.

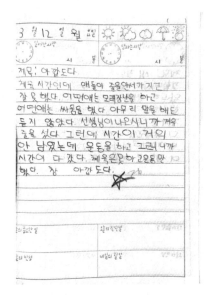

2001. 3. 12 월 (초4)

제목 : 아깝도다

체육시간인데 애들이 줄을 안 서가지고 잘못했다.

어떤 애는 모래 장난을 하고

어떤 애는 싸움을 했다.

아무리 말을 해도 듣지 않았다.

선생님이 나오시니까 겨우 줄을 섰다.

그런데 시간이 거의 안 남었는데 운동을 하고 그러니까

시간이 다 갔다. 체육은 못 하고 운동만 했다.

참 아깝도다.

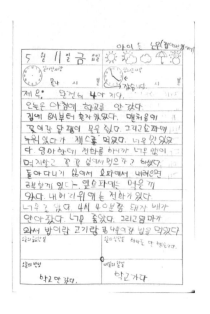

2001. 5. 11 금 (초4)

날씨 : 아이 돈 노우(집에만 있어서)
일어난 시각 : 몰라
잠자는 시각 : 11:20 잤습니다.

제목 : 완전히 나아지다

오늘은 아침에 학교를 안 갔다.

집에 8시부터 혼자 있었다.

맨 처음에 꽃이랑 달팽이 물을 줬다.

그리고 쇼파에 누워 있다가 책스를 먹었다.

너무 맛있었다.

엄마한테 전화를 하니까 너무 많이 먹지 말고 꼭꼭 십어서 먹으라고 하셨다.

돌아다니기 싫어서 쇼파에서 내려오면 공부할 게 있다.

옆 쇼파에는 먹을 게 있다.

내 머리 위에는 전화가 있다.

너무 좋았다.

4시 40분쯤 돼자 엄마가 와서 밥이랑 고기랑 콩나물이랑 밥을 먹었다.

오늘의 착한 일: 하나도 안 했습니다.

오늘의 반성 : 학교 안 갔다.

내일의 할 일 : 학교 가다.

2001. 6. 23 토 (초4)

제목 : 웅변대회

학교 공부 시간에 나는 웅변대회에 나갔다.

모두 4명인데 나 혼자 남자였다.

그리고 네가 제일 꼴찌였다.

처음에 한 여자가 제일 잘했다.

5반에는 내가 아는 3학년 때 친구도 있었다.

웅변은 참 어려운 거다.

드디어 내 차례가 됐다.

나는 잘 할려고 두 주먹을 꽉 쥐고 나갔다.

나는 목소리를 컷다 작았다 하면서 내가 하기에도 아주 많족하다.

5학년 때도 나갈 걸 생각하면 조금 떨리지만 꼭 나갈 거다.

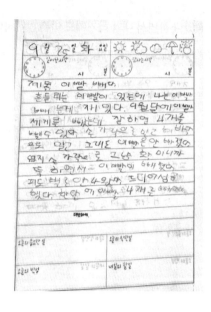

제목 : 이빨 빼다

흔들리는 이빨이 있는데 나는 이빨 빼는 게 재밌다.

9월달에 이빨 세 개를 뺐는데

잘하면 4개를 뺄 수 있다.

손가락으로 밀고 혀바닥으로 밀고

그래도 이빨은 안 빠졌다.

엄지손가락으로 그냥 확 미니까 뚝 하면서 이빨이 빼졌다.

피도 별로 안 나왔다. 드디어 성공했다.

한 달에 이빨 4개를 빼다니…

2001. 11. 4 화 (초4)

제목 : English Diary(영어 일기)

I'm tired.

Because we did sleep to my home with Shang wha and Jae mun.

We played computer game and talked Listened music.

In the morning we went to Kwang Kyo moutain.

We saw autom tree. They were wonderful.

So we were happy.

오늘의 중요한 일 : English

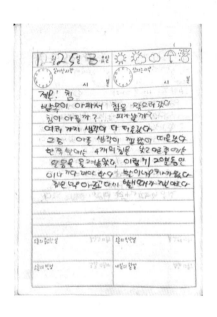

2002. 1. 25 금 (초4)

제목 : 침

발목이 아파서 침을 맞으러 갔다.

침이 아플까?… 피가 날까?

여러 가지 생각이 다 떠올랐다.

그중 아픈 생각이 젤 많이 떠올랐다.

한쪽 발에는 4개의 침을 낳고 다른 쪽에는 얼음을 올려놓았다.

이렇게 20분 동안이나 기다려야 한다.

발이 너무 차가웠다.

침은 너무 아프고 다시 뺄 때가 젤 아프다.

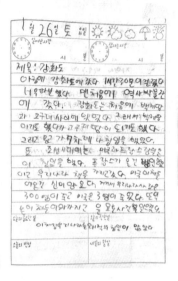

1월 26일 토 요일

제목 : 강화도

아침에 강화도에 갔다. 1시간 30분 정도 걸렸다.
너무 따분 했다. 맨처음에 역사 박물관
에 갔다. 강화도는 처음에 백제때
과 고구려 사이에 있었다. 근데 백제때
이기도 했다가 고구려 땅이 되기도 했다.
그리고 몽가 7차에 나침반을 했었다.
또 조선시대에는 안 라프랑스 강왕을
이 침입을 했다. 프랑스가 읽 책만을
다시 우리나라 책을 가져갔다. 미국 이것도
여을까 싶어 있었다. 거기서 우리나라사 사람
300명이 죽고 미국은 3명이 죽었다. 또역
은 이 전쟁이 아까지 은 모든 사건들 있었다.

이게 정복과 나라를 외석의 침입이 많았다

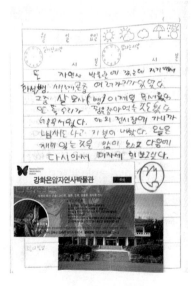

자연사 박물관에 갔는데 거기에서
아빠빠. 새로 생긴 공룡 여러가지가 있었다.
그중 살모사(뱀)이게 무서웠고
또 눈 소리가 꿩을 참아먹죠 것도 있었다.
어무 무서웠다. 야외 전시장에 가니까
냄새도 나고 기분이 나빴다. 오늘은
재미 있는 것을 많이 보고 다음에
다시와서 더자세 히 보고싶다.

강화은암자연사박물관

제목 : 강화도

아침에 강화도에 갔다.

1시간 30분이 걸렸다. 너무 따분했다.

맨 처음에 역사박물관에 갔다.

강화도는 처음에 백제 땅과 고구려 사이에 있었다.

그래서 백제 땅이기도 했다가 고구려 땅이 되기도 했었다.

그리고 몽고가 7차례나 침입을 했었다.

또 조선시대에는 미국과 프랑스, 일본이 침입을 했다.

프랑스가 온 건 병인양요이고 우리나라 책을 가지고 갔다.

미국이 쳐들어온 건 신미양요다.

거기서 우리나라 사람은 300명이 죽고 미국은 3명이 죽었다.

또 일본이 쳐들어와 가지고 운요호 사건을 일으켰다.

이처럼 우리나라는 왜적의 침입이 많았다.

또 자연사 박물관에 갔는데 거기에서 화석, 뱀, 새, 조개, 곤충 여러 가지가 있었다.

그중 살모사(뱀)이 제일 무서웠다.

또 독수리가 꿩을 잡아먹는 것도 봤다. 너무 무서웠다.

야외 전시장에 가니까 냄새도 나고 기분이 나빴다.

오늘은 재미있는 것을 많이 봤고, 다음에 다시 와서 더 자세히 보고 싶다.

우성 독서 일기

독서일기는 꾸준히 쓰기 어렵습니다. 읽은 책이 언제나 감동을 주지도 않습니다. 쓰는 데 목적을 두면 부담감으로 독서 흥미를 떨어뜨리기도 하지만, 독서 습관을 형성하기 위해서도 씁니다. 대부분 1주일에 1~2회 정도 쓰거나, 한 권의 독서록에 1년 동안 써 가기도 합니다. 많은 독후감이 마지막 부분에 '나도 ○○처럼 열심히 노력해야겠다.', '참 재미있었다.'라고 마무리합니다. 주로 저학년이 이렇게 합니다.

책을 일주일에 몇 권 읽나요? 예를 들어 세 권 읽는다고 합시다. 읽은 책에 대한 것을 기록해 놓지요? 즉, 독후감만을 모아 놓은 것으로 독서일기를 쓸 수도 있고, 날마다 쓰는 일기장에 감상을 적을 수도 있습니다. 독서일기를 별도로 적는다면 독서록 공책을 활용해도 좋습니다. 독서록을 활용한다면, 좀 더 계획성 있는 독서를 할 수 있습니다. 보통 학년별 권장 도서 목록을 참고해서 읽고 기록합니다. 이렇게 1년 동안 써 보면 얼마나 읽었는지, 어떤 분야를 읽었는지 알 수 있습니다.

예시로 든 우성의 독서일기는 독서록을 활용해서 적었습니다. 일기는 형식이 없다고 했지요? 독서일기도 그렇습니다. 보통 대강의 줄거리는 짧게 씁니다. 대신 인상 깊은 문장이나, 가슴을 울린 말이 있으면 적고 덧붙여 보세요. 주인공 또는 등장 인물에게 편지를 써 봐도 좋고, 이 책을 읽고 얻은 점을 중심으로 써도 좋습니다. 저는 등장인물을 정리하는 방법을 좋아합니다. 뒤에 나오는 아빠의 일기 중 안중근 독서일기를 그렇게 썼습니다. 이 방법은 등장인물에 따른 각자의 시각을 가질 수 있고, 인물이 처한 상황이나 역할에 감정이 실리기 때문입니다.

1. 우성 독서일기는 주인공과 동화합니다. 등장인물의 감정에 공감하며 주인공과 같은 시각을 갖습니다. 편견 없이 수용하기 때문입니다.

2. 긍정적인 부분에 집중합니다. 책에 등장하는 인물이 곤란한 상황에 처해도 실망하지 않고 긍정적인 부분을 보려고 노력합니다.

3. 느낀 점이나 교훈을 자기 것으로 만들어 수용합니다. 구체적으로 받아들이기 때문에 생활에 적용할 수 있습니다.

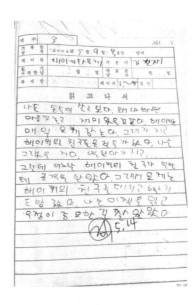

나도 숲속에 살고 싶다. 왜냐하면 마음껏 놀고 재미있을 것 같다. 해이키는 매일 오케랑 논다. 그래가지고 해이키의 친구들은 질투가 났다. 나도 그랬을 거다. 열 받아가지고….

그런데 어느 날 해이키의 친구가 벌한테 공격을 받았다. 그래서 요케는 해이키의 친구를 데리고 빨리 도망갔다. 나는 이 책을 읽고 우정이 중요한 것을 잘 알았다.

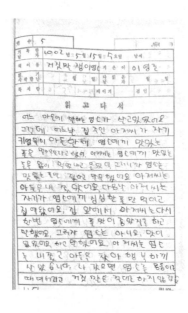

어느 마을에 말하는 염소가 살고 있었어요. 그런데 어느 날 집주인 아저씨가 자기 귀염둥이 아들한테 염소에게 맛있는 풀을 먹이고 오라고 했어. 아저씨는 염소에게 맛있는 풀을 많이 먹었냐고 물었어. 그러니까 염소는 맛없는 풀만 줬다고 말을 했어요. 아저씨는 아들을 내쫓았어요. 다음날 아저씨는 자기가 염소에게 싱싱한 풀만 먹이고 집에 왔어요. 집 앞에서 아저씨는 다시 한번 염소에게 풀 맛이 좋았지? 하고 말했어요. 그러자 염소는 아니요. 맛이 없었어요. 하고 말했어요. 아저씨는 염소를 내쫓고 아들을 찾아 행복하게 살았습니다. 나 갔으면 염소를 몽둥이로 때려버리고 거짓말은 절대로 하지 않겠습니다.

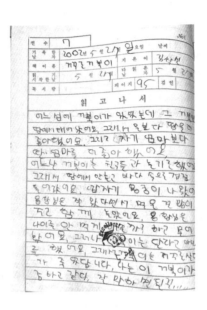

어느 섬에 거북이가 있었는데 그 거북인 땅에서 태어났어요. 그래서 물보다 땅을 더 좋아했어요. 그리고 자기 엄마보다 딴 엄마를 더 좋아했어요. 어느 날 거북이는 친구들과 놀기로 했어요. 그래서 땅에서 안 놀고 바닷속으로 점점 들어갔어요. 갑자기 용궁이 나왔어요. 용왕님은 잘 왔다면서 먹을 걸 많이 주고 함께 놀았어요. 용왕님은 나이를 안 먹게 해줄까? 하고 물어봤어요. 그러나 거북이는 달라고 아니요를 했어요. 그래서 거북이는 거꾸로 살다가 죽었답니다. 나는 이 거북이가 좀 바보 같다. 잘 말하면 될걸….

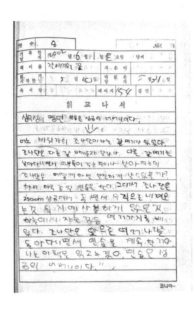

심우성의 명언 : 연습은 성공의 어머니이다.

↓

어느 바닷가의 조나단이라는 갈매기가 있었다. 조나단은 다른 갈매기들과 달랐다. 다른 갈매기는 날아다니면서 어부들이 주는 먹이나 받아먹는데 조나단은 어떻게 하면 안전하게 날 수 있을까? 하며 하루 종일 연습을 한다. 그래서 조나단은 2500m 상공에서 돌면서 수직으로 내려오는 것, 육지에 사뿐하게 앉은 것, 하늘에서 자는 것 등 여러 가지를 배웠다. 조나단은 앞으로 여러 나라를 돌아다니면서 연습을 계속할 거다. 나는 이 책을 읽고 느꼈다. "연습은 성공의 어머니이다."

권수 12   기록한 날짜 2002년 6월 16일
책 이름 욕심쟁이 주인   읽기 시작한 날 6월 16일
다 읽은 날짜 6월 16일   페이지 105

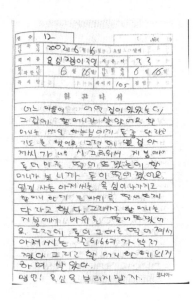

어느 마을에 어떤 집이 있었는데 그 집에 할머니가 살았어요. 할머니는 매일 하느님에게 돈 좀 달라고 기도를 했어요. 그런데 옆집 아저씨가 너무 시끄러워서 지붕에서 돌더미를 떨어뜨렸는데 할머니가 보니까 돈이 떨어졌어요. 옆집 사는 아저씨는 욕심이 나가지고 할머니한테 큰 바위를 떨어뜨려 달라고 했다. 그래서 할머니는 지붕에서 바위를 떨어뜨렸어요. 그런데 돌이 그대로 떨어져서 아저씨는 갈비뼈가 뿌러졌다. 그리고 할머니한테 의지하며 살았다.

명언 : 욕심을 부리지 말자.

2. 형식에 얽매이지 않는 우석 일기

우석 일기의 특징

우석 성장 일기

우석 독서 일기

우석 일기의 특징

일기 쓰는 목적에 충실합니다. 자신만의 표현력, 기호, 때로는 그림을 사용하여 쓰고 싶은 마음을 마음껏 일기에 쏟아부었습니다.

1. 글감 선정이 좋습니다. 자신을 둘러싸고 하루 동안 일어난 수많은 일 중에서 흥미로운 것, 소중한 것, 더 알고 싶은 것을 자연스럽게 분류하는 능력이 뛰어납니다. 아이들은 부모와 대화 중에 중요도를 인지합니다. 엄마 아빠가 많이 언급한 것, 강조하는 것에 집중합니다. 자녀가 '쓸 게 없어요.'라고 한다면, 가족 대화 소재를 다양화해 보세요. '쓰고 싶은' 거리를 제공해 보세요.

2. 생각을 자유롭게 표현합니다. 자기 생각을 표현하는데 망설임이 없습니다. 기분이 좋으면 좋다, 나쁘면 나쁘다를 가감 없이 표현합니다. 의사 표현은 성격 특성도 있지만, 경험에 좌우됩니다. 가족 관계가 수용적인 분위기라면 의견, 주장을 맘껏 펼칠 수 있는 배경이 형성된 것입니다. 가정에서 허용적인 분위기가 중요한 이유입니다.

3. 말하듯 씁니다. 일기는 자신과의 대화입니다. 마음을 담는 그릇입니다. 형식에 얽매이지 않고 말하듯이 쓸 수 있다는 것은 자신의 마음을 제어하는 힘이 있다는 뜻입니다. 때로는 비밀 이야기도 할 수 있고, 고민을 담아 놓을 수도 있습니다. 누군가 들여다보지 않는다는 보장이 있다면 훌륭한 마음 저장창고를 갖는 것입니다.

어른의 시각에서 어린이를 본다면, 아이의 마음을 알 수 없습니다. 자녀가 쓴 손 편지에 감동하는 이유도 편지를 받는 순간 눈높이가 어린이로 돌아가기 때문입니다. 초등학교 시절은 스펀지가 물을 빨아들이듯 모든 것을 흡수합니다. 엄마 아빠의 말투, 식사하는 습관, 앉는 자세까지 따라 합니다. TV보다는 독서 하는 부모, 책을 읽고 감상문을 쓰고 생각을 나누는 부모의 모습이 자녀에게 그대로 투영됩니다.

우석 성장 일기

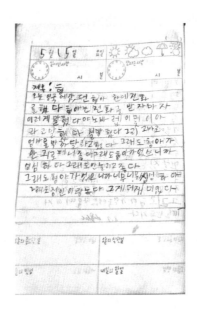

2002. 5. 15 (초1)

제목 : 형

오늘 영국에 갔던 형아한테 전화를 했다.

형아는 전화를 받자마자 이러게 말했다.

야, 노바렙이 몇이야

라고 말했다.

실망했다. 그리고 바로 엄마를 박까 달라고 했다.

그래도 형아가 안 괴로퍼서 좋다.

그래도 형아가 었으니까 심심하다.

그래도 안 놀리고 좋다.

그래도 형아가 었으니까 너무너무 심심하다.

그래도 정민이랑 논다. 그게 더 재미있다.

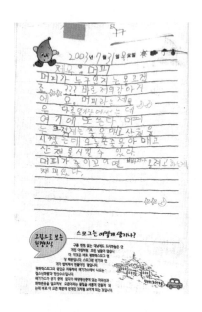

2003. 7. 31 목 (초2)

제목 : 머피

머피가 누구인지는 몰르겠죠???

바로 저의 강아지에요.

머피라는 제목은 다른 일기장에 썼는데

여기에 또 쓴다.

머피는 그적게는 줄을 매고 산책을 시켰는데

오늘은 줄을 안 매고 산책을 시킬 수 있다.

머피가 줄이 꼬이면 빠져나올려고 하는 게 재미있다.

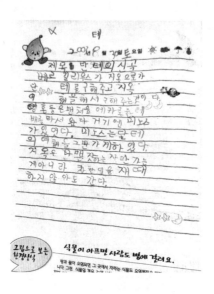

2003. 8. 30 토 (초2)

제목 : 단테의 신곡

베르길리우스가 지옥으로 가 단테를 구해주고

지옥 여행을 해서 구해주는 것이다.

영혼들은 맨 처음에 카론한테 배를 타서 왔다.

거기엔 미노스가 있엇다.

미노스는 단테의 여행을 그만 가게 하였다.

지옥은 나쁜 짓 하는 자만 가는 게 아니라

착한 일을 재때 하지 않아도 간다.

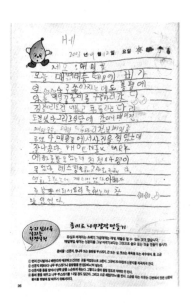

2003. 9. 12 (초2)

제목 : 매밀꽃

오늘 매미 태풍 때문에 비가 억수로 쏟아지는데도

봉평에 있는 매밀꽃 축제를 구경하러 갔다.

징검다리도 건너 봤고 흔들리는 다리도 건넜다.

그리고 식당에 갔더니 매미전, 매밀국수, 매밀 두루마리 전부 매밀종류였다.

매밀꽃에서 사진을 찍었는데 잘 나왔다.

PHOENIX PARK에 하룻밤 묵었는데 친척 14명이 묵었다.

레스링을 하고 샤워를 했다. 영화도 봤는데 재미있었다.

아빠가 주방장이 되서 요리를 했는데 참 맛있었다.

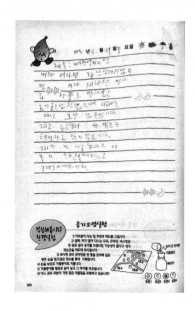

2004. 3. 19 금 (초3)

제목 : 내가 만약 여자면

내가 여자면 장난꾸러기였을 것이다.

왜냐면 엄마 화장품을 발라보고,

화장품을 없질렀을 때 시치미를 떼고 그냥 갔을 껏이다.

그리고 학교에서 예들한테 장난도 많이 걸 것이다.

그치만 난 지금 남자가 더 좋다.

소변볼 때 편하고, 군데도 가니까이다.

2005. 3. 20 일 (초4)

제목 : 태몽(아빠)

일을 하시는 데 황소 2마리 큰 놈(?), 작은놈이

오는데 집까지 따라 들어 왔던 꿈이다.

그다음에 형이랑 내가 태어난 것이다.

태몽의 뜻은

전통적으로 농업국가이던 우리나라는

농사를 돕는 소를 귀하게 여기고 부의 상징으로 여겼다고 한다.

그런데 아빠의 태몽에 커다랗고 유순해 보이는 황소 두 마리가

아빠에게 와서 우리 집의 보물인(?) 두 아들을 낳으신 거라고 하셨다.

엄마는 두 아들이 황소처럼 힘쎄고 튼튼하게 자라서

훌륭한 사람이 될 거라고 믿는다고 하셨다.

(소감 : 소는 꿈에서 좋다고 하는데 소 꿈이라서 다행이다.)

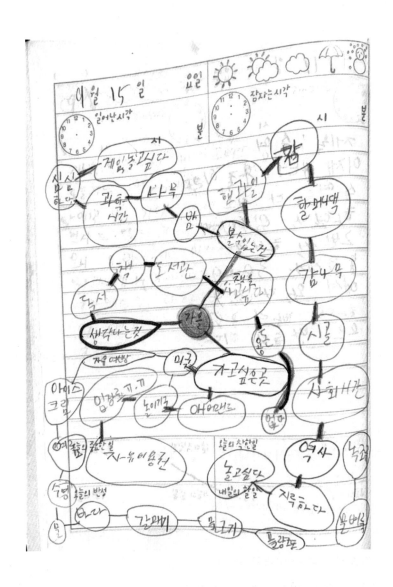

2005. 9. 15 목 (초4)

제목 : 마인드맵

2006. 1. 6 금 반성 △ 날씨 ‰ (초5)

제목 : 아빠의 농담

어제 아빠가 농(?)담을 하셔서 내가 매우 많이 삐졌다.

그런데 자기 바로 전에 내가 사과를 하였다.

그런데 아빠는 생각도 안 하셨다. ㅜ.ㅠ

그리고 아침에 내가 '안녕히 주무셨어요?'라고 안 해서 꾸중을 들었다.

그리고 오전 공부를 하고 홈플러스에 가서 쇼핑을 하였다.

그리고 와가지고 아빠가 옛날에 쓰셨던 일기를 보았다.

옛날 일들이 눈앞에 펼쳐지는 것 같았다.

나도 일기를 꾸준히 써가지고 내 baby에게 알려줄 것이다.

Ⅱ. 삼부자 일기 : 아빠와 아들의 50년 일기

그때까지 이 일기장이 남아 있으면 좋겠다.

그리고 본론으로 와서 오후 수업을 하고 밥을 먹었다.

그리고 지금 일기를 쓰고 있을 때 아빠가 형한테 tast를 내고 있다.

그리고 형이 테스트를 끝나고 나도 일기를 다 쓰면

'우리들의 일그러진 영웅'이라는 비디오를 볼 것이다.

중학생 이상인데 내가 봐도 모르겠다.

폭력적인 게 없으면 좋겠다.

↑◉◉↑를 보니 참 많이 썼다는 생각이 든다.

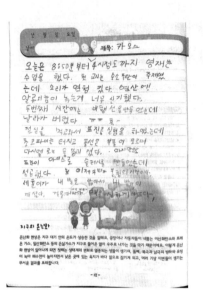

2006. (초5)

제목 : 카오스

오늘은 8:50분부터 4시 정도까지 영재반 수업을 했다.

첫 교시는 수소폭탄이 주제였는데 소리가 엄청 컸다.

염산에 알류미늄이 녹는 게 너무 신기했다.

두 번째 시간에는 비행선을 만들었는데 날라가 버렸다. ㅠㅠ 흑~

점심을 먹고 와서 진공실험을 하였는데 초코파이는 터지고 풍선은 부풀어 오르며

마시멜로는 뚱뚱해졌다.

마지막으로 드라이아이스로 슬러시를 만들었는데 성공했다.

이제부터가 불행의 시작이다.

재흥이가 내 발을 밟아서 내 발톱이 깨졌다.

걸을 때마다 매우 심하게 아프다.

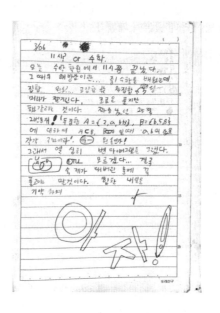

2007. 3. 6 화 (초6)

제목 : 11시? or 수학

오늘 수학 학원에서 11쯤 끝났다.

그때의 해방감이란…. 중1 수학을 배웠는데 집합…, 원소…, 교집합┿

차집합〰〰 펑~~ 머리가 지끈거린다.

조금은 풀지만 했갈리는 것이다. 짜증났던 25쪽 2번 문재!

'두 집합 A={2, a, b+3}, B={b,5,8}에 대하여 A⊂B, B⊂A 일 때

a, b의 값을 각각 구하여라.'

_-_ 뭔솔인가!

그래서 열심히 벤다이어그램을 그렸다.

모르겠다…. 결국 숙제가 대버린 문제 꼭 풀고야 말 것이다.

힘찬 내일을 기약하며 **아자!**

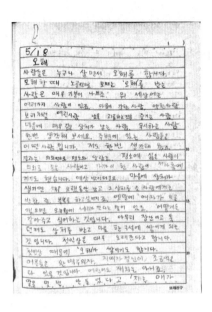

2007. 5. 18 금 (초6)

제목 : 오해

사람들은 누구나 살면서 오해를 합니다. 오해할 때 노골적으로 보며는 '오해'를 받는 사람은 대부분 기분이 나쁘죠. 뭐 세상에는 여러 가지 사람이 있죠. 마음이 강한 사람, 약한 사람, 보리처럼 여린 사람, 남을 괴롭히는 것을 즐기는 사람, 마음에 깊은 상처가 남는 사람, 무시하는 사람 한번 생각해 보세요. 주변에 있는 사람들은 어떤 사람입니까? 저도 한번 생각해 봤죠. 결과는 의외적으로 평소와 달랐죠. 평소에 싫은 사람이 의외로 좋은 사람이고 가까이 한 사람이 저 하축에 끼기도 했습니다. 예상 밖이더군요. 마음에 상처가 생기면 매우 오랫동안 남고 그 상처를 준 사람에게는 반항. 즉, 불복을 하고 싶어지죠. 옛말에 '여자가 한을 맺으면 오뉴월에 서리가 낀다는 말이 있죠.' 어떻게든 갚아주고 싶어하는 것입니다. 첫인상은 매우 오래간다고 합니다. 첫인상 때문에 '오해'가 쌓이기도 합니다. 어른들은 완벽주의자, 지배자 정신이 조금씩은 다 있을 것입니다. 어린이도 제외는 아니죠. 말을 몇 번 안 들었다고 '쟤는 애가 별로야'라는 생각이 들 수도 있습니다. 이도 역시 한 가지의 '오해'죠. 막바지에 이르러 '오해'를 푸는 방법은 여러 가지입니다. 음악을 듣거나 혼자의 여가 방법으로 잊는 것, '오해'한 자와 사과하는 것, 꽁~한 것 등이 있습니다. 혼자의 여가 활동으로 푸는 것은 시간은 오래 걸릴지 모르지만, 인간의 기억력은 한계가 있으므로 깨끗이 잊어질 것입니다. '오해'한 자와 사과하는 것은 깨끗하지 않죠. '오해' 받은 자의 기분 상태도 모르고, '사과할게. 미안해'라고 하면 오히려 더 커져서 나중에 돌아올 수가 있습니다. 마지막으로 꽁~한 것은 미국에서 조○○가 벌인 일과 매우 유사하게 벌어질 수가 있습니다. 이만 마칩니다.

※수필 한 번 써 보고 싶어서….

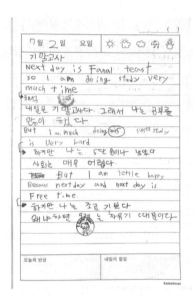

2007. 7. 2 월 (초6)

제목: 기말고사

Next day is Fanal teast so I am doing study very much time

⇨ 해석 : 내일은 기말고사다. 그래서 나는 공부를 많이 했다.

But I am much doing (unit5) susel study is very hard.

⇨ 하지만 나는 5단원이나 남았다. 사회는 매우 어렵다.

Than But I am lettle happy Becaus next day and next day is Free time.

⇨ 하지만 나는 조금 기쁘다.

왜냐하면 모레는 자유기 때문이다.

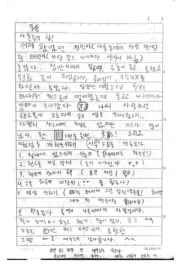

2007. 7. 8 일 (초6)

제목: 사촌들의 힘?

어제 왔던 정민이(사촌 중에서 가장 막내)랑 태민이(나랑 같은 나이지만 생일이
빠름) 놀았다. 집 안이여서 얼음 땡, 공놀이 등은 못 했고, 무궁화꽃이 피었습니다,
술래잡기, 구슬치기를 하면서 놀았다. 심학산에 간는데 철봉을 하다가 핸드폰이
떨어졌는데 몰르고 내려오다가 밟아서 날아갔다. ㅠㅠ 나의 사랑스런 핸드폰에
오늘따라 왜 캡을 안 씨웠는지…. 다행히 쓰는 데에 지장은 없지만 기스가 많이
났다. 한 ▥ ← 핸폰 뒷면 요정도? 그리고 시험 점수 개혁을 위해 시무 5조를 만들
었다.

1. 침대에 엎드리지 않기(침대에서는 자는 일!)

2. 핸드폰 게임 삭제 (돈이 아까웠다. ㅠ.ㅠ)

3. 책상에 앉아서 공부 (요건 자신! ☆☆☆)

4. 구몬 하루에 10장 씩(☹ 쫌 힘들다.)

5. 게임 안 하기 (OTL 어띠케 그런 심한 약속을! 하지만 내가 한 약속이므로 해야

징) 을 만들었다. 올백이 나올 때까지 지킬 것이다.

작가 맘대로 Z = 오늘은 왠지 많이 썼다. ㅎㅎ 시무 5조는 ⑤번 빼고 지키고 있다.

움핫핫

그리고 ~~로 써주는 거 감사합니다.

　(정말 길고 꽉꽉 찬 재미있는 일기다. 솔직하게 쓰니깐 좋구나…. 매일 이렇게 쓰도

록 ㅋㅋ….)

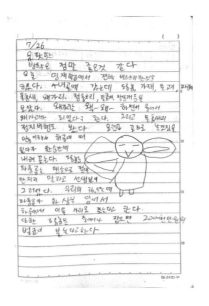

제목: 움팟팟

방학은 정말 좋은 것 같다.

오늘 영재학급에서 견학 비스므리 한 것을 했다.

수녀 골에 갔는데 도롱뇽, 가재, 물고기, 파랑새, 물총새, 왜가리, 청둥오리,

펄 콩새, 말똥개 등을 보았다. 왜가리는 왝~왝~ 하면서 울어서 왜가리가 되었다고

한다.

그리고 물총새의 정비 비행도 봤다.

요런 포즈로 날갯짓을 많이 해서 허공에 떠 있다가 한순간에 내려 꽂는다.

도롱뇽 등 파충류는 맨손으로 절대 만지지 말라고 선생님이 그러셨다.

우리의 36.5℃에 파충류가 화상을 입어서 하루에서 이틀 사이로 죽는다고 한다.

또한 도롱뇽을 죽이거나 잡으면 2천만 원의 벌금이 붙는다고 한다.

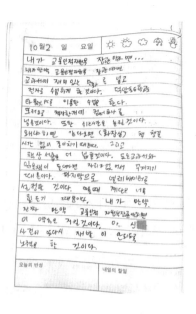

2007. 10. 2 화 (초6)

제목 : 내가 교육인적자원부 장관이라면…

내가 교육인적자원부 장관이라면 교과서에 재미있는 만화를 넣고 전자로 수업하게 할 것이다. 덕암초등학교도 타블렛 PC를 이용한 수업을 한다. 그러므로 책상 한 개에 컴터 하나를 넣을 것이다. 또한 쉬는 시간을 늘릴 것이다. 왜냐하면 같다 오면(화장실) 책 챙길 시간 없이 종이 치기 때문이다. 그리고 책상 서랍을 더 넓힐 것이다. 모든 교과서와 읽을 책이 들어가면 자리가 없어서 꾸겨지기 때문이다. 마지막으로 엘레배이터를 설정할 것이다. 아플 때 계단은 너무 힘들기 때문이다. 내가 만약 진짜 만약 교육인적 자원부장관이라면 이 약속은 지킬 것이다. 아, 신ㅇㅇ 사건이 또다시 재발이 안 되도록 노력을 할 것이다.

우석 독서 일기

독서는 다른 사람의 생각을 자신의 것으로 만드는 활동입니다. 책을 읽으면서 지은이의 생각과 주장에 동의도 하고, 다른 의견을 갖기도 합니다. 그러기 위해서는 자기 생각이 굳건해야 합니다. 중심을 잡고 읽어야 합니다. 우석 독서 일기는 색깔이 뚜렷합니다. 이 책을 읽는 목적, 책에서 얻는 점, 나와 주인공은 무엇이 같고 다른지를 찾아냅니다. 저학년 때는 책의 줄거리 위주로 적었다면 학년이 올라갈수록 자신의 가치관과 정체성이 드러나게 적고 있습니다.

1. 한 권의 책을 성장 시기를 달리하여 읽었습니다. 『갈매기의 꿈』을 초등학교 5학년 때 읽고, 고등학교 1학년 때 또 읽었습니다.

2. 마인드 맵을 꾸준히 활용합니다. 초등학교 때는 물론 고등학교에서도 합니다. 마인드 맵이 주는 장점은 어휘력을 향상시킵니다. 끊임없이 노력하는 자세를 보이고 있습니다.

3. 가족이 같은 책을 읽고 독서 토론을 합니다. 『안네의 일기』, 『엄마를

부탁해』 등을 읽고 아빠의 느낌, 형과 엄마, 그리고 자신의 생각을 토론하는 자료로 독서 일기를 활용합니다.

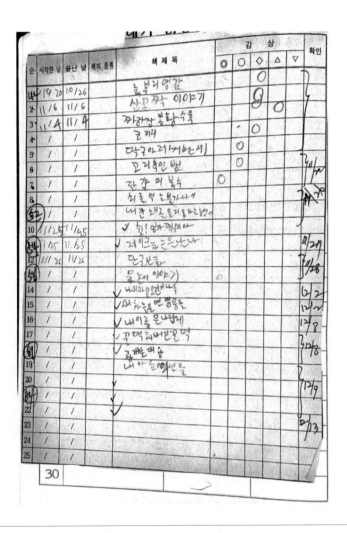

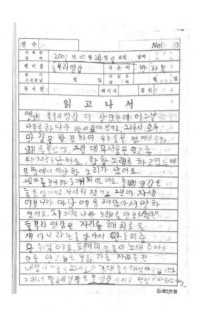

옛날 혹부리 영감이 살았는데 어느 날 나무를 하다가 밤이 깊어졌어요. 그래서 오두막집을 발견하여 무수움을 없에기 위해 노래를 불렀어요. 그런데 무서움은 잇고 흥의 저절로 났어요. 한참 노래를 하고 있는데 문밖에서 이상한 소리가 났어요. 그림자를 보니까 도깨비였어요. 혹부리 영감은 흥은 업어지고 무서워졌어요. 그런데 자세이 보니까 마당에 웅크려 앉아서 말하였어요.

"시끄러우니까 노래를 안 부르잖아."

혹부리 영감은 자기를 해치로 온 개 아니라는 줄 알아서 안도의 숨을 쉬었어요. 도깨비는 혹이 노래 주머니인 줄 알고 금은보화가 든 자라를 건네염서

"혹을 파시오."

"근대 혹을 때면 아프답니다."

그래서 혹부리 영감은 복 영감이라고 별명이 바뀌었대요.

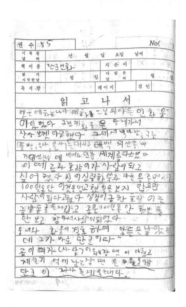

옛날에 하늘나라에 하느님의 아들인 환웅이 있었다. 그런데 환웅은 땅에 가서 살아보겠다고 했다. 그래서 비, 바람, 구름(풍백, 우사, 운사)를 대리고 태백의 산꼭대기 신단수에 내려와 인간세계를 다스렸다. 이때 곰과 호랑이가 사람이 되고 싶어 했다. 신이 신령한 쑥과 마늘을 주면서 100일 동안 이것을 먹고 햇빛을 보지 않으면 사람이 된다고 했다. 성질이 급한 호랑이는 금방 동굴을 나갔고 곰은 100일 동안 햇빛을 안 보고 참아서 사람이 되었다. 웅녀와 환웅이 결혼하여 아들을 낳았는데 그가 바로 단군이다. 곰이 여자(사람)이 되는 장면이 야했고 제일 기억에 남는 장면은 환웅이랑 단군이 나라를 세울 때다.

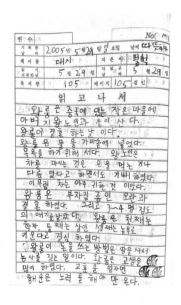

왕룽은 중국에 있는 작은 마을에 아버지 왕노인과 같이 산다. 왕룽이 결혼하는 날이다. 왕룽은 물을 가마솥에 넣었다. 목욕을 하기 위해서다. 왕노인은 차를 마시는 것은 은을 먹는 거나 다름없다고 하면서도 기뻐하였다. 이 무렵 차는 아주 귀한 것이었다. 왕룽은 부자집 종인 오란과 결혼하였다. 그리고 3~4명 정도의 애기를 낳았다. 왕룽은 첫째는 학자, 둘째는 상인 셋째는 농부로 키운다고 결심하였다. 왕룽이 돈을 쓰는 방법은 땅을 사서 농사를 짓는 일이다. 왕룽은 고생을 많이 하였다. 교훈을 얻자면 행운은 노력을 해야만 온다.

기록한 날짜 2005년 6월 6일 월요일   날씨 시원함

책 이름 장발장   지은이 빅토르 위고

읽기 시작한 날 6월 4일   다 읽은 날짜 6월 4일

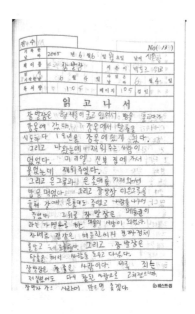

장발장은 형제들이 굶고 있어서 빵을 훔치다가 감옥에 갔다. 감옥에서 탈출을 시도하다 19년을 감옥에 있게 된다. 그리고 나왔는데 재워주는 사람이 없었다. 미리엘 신부집에 가서 물었는데 재워주었다. 그리고 은그릇과 은촛대를 가져와서 밥을 먹었다. 그리고 장발장이 은그릇을 훔쳐갈 때 은촛대도 주었고 사랑을 나누어 주셨다. 그 뒤로 장발장은 메들린이라는 가명으로 한 마을의 시장이 되었다. 자베르 경감은 메들린 씨의 진짜 정체를 알고 체포를 했다. 그리고 장발장은 탈출을 해서 사람들 도우고 다녔다. 장발장은 참 좋은 사람이다. 비록 죄는 저질렀어도 다

시 참된 사람으로 고쳐졌으니까. 장발장 같은 사람이 많으면 좋겠다.

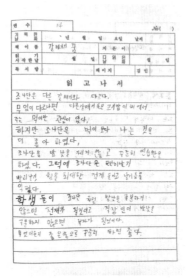

조나단은 다른 갈매기와 다르다. 무엇이 다르냐면 다른 갈매기들은 고기잡이 배에서 주는 먹이만 관심이 있다. 하지만 조나단은 먹이보다 나는 것을 더 좋아하였다. 조나단을 밤낮을 가리지 않고 꾸준히 연습만을 하였다. 그 덕에 조나단은 천천히 날기, 빨리 날기, 힘을 최대한 적게 들이고 날기 등을 익혔다. 학생들이 조나단처럼 밤낮을 구분하지 않으면 천재가 될 것이고 직장인이 밤낮을 구분하지 않으면 부자가 될 것이다. 무엇이든지 좋은 쪽으로 꾸준히 하면 좋다.

독서 분야 문학　　　　　책 이름 죽은 시인의 사회
지은이 N.H.클라인바움　　　출판사 서교
독서한 날짜 2011년 5월 8일

전통만을 고집하는, 보수적인, 웅덩이의 고인 물 같은 상황인 웰튼 아카데미에서의 일이다. 이러한 학교에 새로운 한줄기의 물인 키팅 선생님이 새롭게 부임해 오셨다. 새로온 선생님은 지금까지 순종적이고 복종만 해온 학생들에게 스스로의 생각을 실천하고 자신의 생각을 말하고, 자신이 원하는 일을 할 수 있는 통로 역할을 해준다. 이러한 틀에 박힌 주입식 교육에서 벗어난 참교육을 하는 도중 중간중간 나오는 시 구절구절들이 다시 한번 읽어보게 되고 그중 가장 기억나는 말은 '카르페디엠'이라는 라틴어이다. 언제나 미래를 준비하고, 미래에 좋은 직업과 많은 돈을 벌기 위해 현재를 책과 씨름하고 있는 학생이라면 열심히 공부하는 것도 좋지만 지금을 조금이라도 즐기며, 자신이 하고 싶은 일을 하는 게 좋을 것 같다.

이 책의 학생들은 모두가 그렇지는 않겠지만 자신의 부모가 정해준 목표를 향해, 부모가 다 못 이룬 꿈을 대신 이뤄주기 위해 공부를 한, 적성에도 맞지 않은 의사, 판사, 검사, 변호사의 고위직만을 위해 공부한다. 자신의 앞길을 자신이 개척하지 않고 강제성이 붙는 것은 지금 한국의 학생들과 비슷한 것 같다. 우리나라도 하루 빨리 자신의 미래설계를 직접 자신이 하는 그러한 풍토가 뿌리박혔으면 좋겠다.

독서 분야 문학 책 이름 갈매기의 꿈
지은이 리처드 바크 출판사 직영사
독서한 날짜 2011년 5월 9일

8000여 마리의 갈매기 떼, 그중 나는 것을 좋아하는 갈매기 조나단 리빙스턴은 나는 것을 좋아하여 먹이를 찾아서 끼룩거리는 다른 갈매기와 달리 더 높이, 더 자유롭게, 더 빨리, 그리고 더 아름답게 날기를 원하고 그렇게 되길 바라며 그 꿈을 이루기 위해 노력하는 갈매기입니다. 어느 날 조나단은 300m 높이에서 먹이를 위해 싸우고 있는 갈매기 떼 사이로 수평비행을 하여 그 죄로 갈매기 무리에서 쫓겨나게 됩니다. 그는 먼 낭떠러지에서 외롭지만 다른 여러 문제를 떨친 채 즐겁고 행복한 마음으로 나는 법을 배웠습니다. 그러던 도중 먼저 깨우친 갈매기를 만나

하늘나라에 올라가고 그곳에서 모든 것을 초월한 갈매기가 됩니다. 그에 따라 고향이 그리워져서 고향으로 돌아가 모든 것을 사랑하며 제자를 만들고 다시 하늘나라로 돌아갑니다. 이 책은 모든 것을 뛰어넘는 사랑과 이상과 꿈을 위한 노력, 이러한 것들은 예수님의 사랑과 비슷한 것 같습니다. 모든 것에 통달하고 모든 지혜를 가지고 있을수록 그것을 나눠야 합니다. 촛불의 밝은 불빛이 다른 초로 넘어간다고 해도 어두워지기는커녕 더욱 주위를 밝게 만드는 것처럼 세상 사람들이 서로서로에게 베풀고 서로를 사랑한다면 우리 세상은 더욱 밝게, 더욱 살기 좋은 세상이 될 것입니다.

독서 분야 문학 책 이름 모모

지은이 미하엘 엔데 출판사 비룡소

독서한 날짜 2011년 6월 4일

나는 시간을 유용하게 쓰는 편은 아니다. 언제나 자투리 시간을 남겼고 그 시간을 별다른 생산적이다 하는 활동을 하지 않았다. 그러나 이 책은 뭔가를 느끼게 해준다. 버려진 원형극장에는 나이를 모르는 한 여자아이가 살고 있다. 그 여자아이는 모모라는 이름으로 낡은 코트와 지저분한 차림새를 하고 돌아다녔다. 하지만 모모는 매우 좋은, 요즘 삶에 꼭 필요하다고 생각되는 재주를 하나 가지고 있다. 그것은 다른 사람들의 말에 귀를 기울여 듣고, 그 사람의 걱정과 고민을 없애주었다. 그리고 그 보답으로 마을 사람들은 원형극장을 잘 꾸며주고 먹을 것도 많이 가져다 주었다. 모모는 그렇게 마을 사람 하나하나에게 소중한 사람이 되기 시작했다. 이러한 행복한 삶을 살던 모모의 마을에 어느 날부터 시가를 피고, 한 손에는 서류 가방을 들고 다니는 회색신사들이 보이기 시작한다. 그들은 사람들의 시간을 빼앗아서 바쁘고, 정을 떨어뜨리는 나쁜 짓을 하며 결국에는 언제나 여유롭게 청소를 하던 청소부 배포도 시간에 쫓기는 사람들 중의 하나로 만든다. 언제 다시 회색 신사들이 나타나서 지금 조금밖에 남아 있지 않은 정과 여유를 뺏어갈지는 누구도 모른다. 그리고 그때마다 모모가 나와서 사람들의 시간을 구해줄 수는 없는 법이다. 자신의 시간의 주인은 자신이고 자신의 재산인 시간을 효율적으로 쓰는 법이 매우 필요하다.

독서 분야 문학
지은이 신경숙
독서한 날짜 2011년 6월 15일

책 이름 엄마를 부탁해
출판사 창비

예전에 TV를 보는데 청솔모의 새끼가 나무에서 떨어졌는데 그 새끼를 구하려고 어미 청솔모가 개와 맞서 싸웠다는 뉴스를 본 적이 있다. 상식적으로는 늑대를 선조로 둔 개가 청솔모를 이기지 못할 이유가 없다. 그러나 모성애에서 나온 엄청난 힘이라던지 정신력으로 개를 이기고 새끼를 구해 낸 것이다. 이 책을 읽는 도중 생각난 뉴스다. 이 책은 총 4개의 장으로 구성되어 있다. 책을 다 읽어서 하는 말이지만 처음 책을 펼쳐 들었을 때 책을 읽는데 거부감이 들었다. 지금까지의 책과는 다르게 제3자의 관점에서 책을 보지 못하고 내가 큰딸, 큰아들 그리고 아버지와 어머니가 되어서 이야기를 풀어나간다. 특히 가장 심하게 거부감이라고는 칭하기 힘든 감정이 솟구친 건 제1장에서 '나'의 이야기라고 표기하지 않고 '너'의 이야기를 풀어가는 듯한 어투가 나를 돌아보고, 생각해보게 만들었다. 생일이 다가와서 아버지와 함께 서울에 올라오셨다가 혼잡한 인파 속에서 손을 놓치시고 서울을 떠돌아다니게 된다. 그에 그 누구도 마중을 나가지 않았던 자식들은 서로에게 책임을 묻고, 전단지를 만들어 골목 구석구석을 뒤지고 다닌다. 이러는 도중에 자신의 엄마, 어머니, 그리고 아내를 떠올리는 가슴이 찡한 이야기다. 큰아들을 도시로 보내고 매일 눈이 퉁퉁 붓도록 우시는 엄마, 시골에서 도시로 올라오실 때마다 머리와 허리, 등과 두손 가득히 먹을 것을 들고 올라오시는 어머니, 집에서 언제나 있고 손과 발이 되어주던 아내, 우리 모두 엄마, 어머니 그리고 아내에 대해 다시 한번 생각해 보고, 지금까지의 모든 잘못들과 상처를 메꿀 수 있도록 노력해야겠다.

독서 분야 문학　　　　　　책 이름 파브르 곤충기
지은이 파브르?　　　　　　출판사 현암사
독서한 날짜 2011년 6월 16일

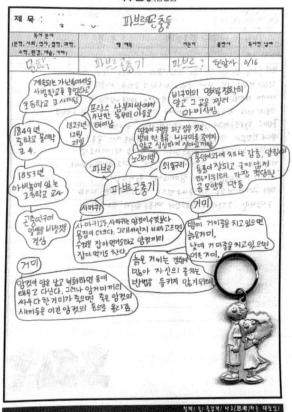

독서 분야 문학 　　　　　　책 이름 안네의 일기
지은이 안네 프랑크 　　　　　출판사 문학사상사
독서한 날짜 2012년 6월 15일

자신의 모든 고민을 털어놓을 수 있는 친구가 모두들 하나씩은 옆에 두고 싶어 한다. 그러나 그렇게까지 마음이 통하고 죽이 척척 맞는 친구를 찾기란 어렵다. 하지만 유대인 소녀 안네는 생일선물로 받은 일기장에 '키티'라는 이름을 붙인 다음 어려운 상황과 힘든 시련을 함께 나누며 살아갔다. 안네 프랑크는 독일의 프랑크푸르트라는 이름있는 유태인 집안의 막내딸이다. 부유한 가정환경으로 유복한 어린 시절을 보내다가 히틀러의 유태인 탄압으로 불행이 시작됐다. 안네의 가족들은 독일을 떠나 옆 나라 네덜란드에 자리를 잡았다. 그곳에서도 유태인이라는 이유로 좋은 학교에 다니지도 못하고 결국 아버지의 연줄로 비밀의 장소에서 살게 됩니다. 한창 다른 아이들과 뛰어다니고 웃으며 보내야 하는 나이에 밖에 나갈 수도 없고 밤에 불도 못 켜며 화장실 물도 제때 내리지 못하는 곳에 있던 안네에게 일기장 '키티'는 유일한 환풍구 역할을 해주었습니다. '키티'에 고민을 적으며 살아가던 안네는 결국 독일의 비밀경찰에게 발각되어 가족들과 그곳에서 함께 지내던 사람들과 함께 잡혀갑니다. 안네와 그녀의 언니는 티푸스에 걸려 격리 수용됐다가 언니가 먼저 죽고 안네가 그 뒤를 따라갑니다. 안네의 일기장 '키티'는 대피소를 청소하던 청소부에게 발견되어 결국 책으로 출판됩니다. 지금의 나보다 어린 나이에 궂은 시련이란 시련은 다 겪고 결국 쓸쓸히 죽은 안네, 그녀의 모든 불행은 전쟁으로부터 시작되었다고 해도 과언이 아닙니다. 세상 모든 생물로부터 무생물에게까지 악영향을 주는 전쟁은 없어져야 하고 다시는 재발하지 않아야 한다고 생각합니다.

3. 모든 것을 글로 담은 아빠 일기

아빠 일기의 특징

50년의 기록 중 연대별로 선별하여 실었습니다. 그 나이 때에 가질 만한 일 중 누구나 만날 수 있는 내용 위주로 선별하였기에, 실린 일기만으로 전체를 재단하기는 부족합니다.

1. 1975~2024년의 모습을 담았습니다. 70년대 농촌 모습, 신작로 따라 사라지는 자동차를 보며 먼 고장에 대한 동경이 시작되었습니다. 막무가내로 벗어나고 싶고, 어디론가 떠나고 싶은 나이잖아요. 사춘기 열여섯 소년이 고향을 떠나 성장하고 자립하고, 가정을 꾸리며 사회의 일원이 되어가는 모습을 파노라마처럼 담았습니다. 개인의 성장과 격변하는 사회 모습을 볼 수 있습니다. 한 사람의 시각으로 보는 현대사입니다. 농경사회에서 첨단 산업 사회를 거쳐 인공지능 시대가 다 있습니다.

2. 모든 것을 기록했습니다. 부모님께 꾸중 듣고 울적해 있는 소년을 위로해 주려 다가오는 누렁이 하훈이누. 그런 하훈이누가 아팠을 때, 밤새 간호해 주고 위로해 주는 소년이 있습니다. 동구 밖 들어서는 외할머니가 그립고, 꿈을 찾아 방황하던 사춘기 소년이 성장하고 있습니다. 세상 어떤

파도도 헤쳐 나갈 수 있다는 불굴의 의지가 가득합니다. 가정을 이루고, 가족이 생겼습니다. 시행착오 연속의 가장, 아빠, 장남의 모습이 있습니다. 올림픽이 끝나고 자동차가 보급될 때 그에 편승하여 자동차를 구매했습니다. 그 자동차를 타고 곳곳을 여행하고, 아파트 구매 열풍에 뛰어들어 집을 마련했습니다. 아파트 대출금, 외식비, 자동차 연료비가 얼마인지 꼼꼼히 적었습니다.

3. 성장, 육아, 독서, 여행, 관찰, 탐구, 운동…. 삶이 다 녹아들어 있습니다. 10대에서 60대의 모습이 같은 글씨체로 들어 있습니다. 사춘기 소년의 교우관계, 해가 넘어가는 줄도 모르고 책을 읽던 시절이 있습니다. 로즈 케네디 여사처럼 두 아이의 육아일기를 썼습니다. 아들과 같은 책을 읽고, 같은 영화를 보고 토론을 한 소감이 있으며, 유도 도장에서 겨루기로 얼마나 내 던져졌는지, 수영이 얼마만큼 늘었는지를 기록했습니다. 직장 상사와의 갈등이 있고, 정의롭지 못한 사회에 대한 분노도 담겼습니다.

일기는 개인 삶의 기록입니다. 사실이 있고 감정이 있습니다. 가정이 있고 사회가 있습니다. 한 사람의 자취를 색깔로 나타내라고 하면 어떤 색일까요? 선명한 몇 가지 색으로 칠하거나 여러 색이 섞일 수도 있습니다. 삶의 자취가 그렇습니다. 어느 한 길만을 밟아 갈 수도 있고 여러 길을 밟을 수도 있습니다. 가는 중간중간 점검의 지침이 필요하며, 일기가 바로 지침입니다.

아빠 성장 일기

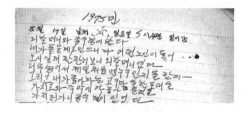

1975. 8. 17 일 날씨 (☼) 일요일 5시 40분 일어남 (초6)

제목 : 외할머니

외할머니와 종수형이 왔다.

내가 풀을 베고 있으니까 어떤 노인이 들어오시길래 찬찬히 보니 외할머니였다.

너무 늙어서 제일 처음엔 누구인지 몰랐다.

그리고 내가 좋아하는 고구마을 한 포대를 가지고 와

주막에 다 놓아둔 것을 가지러 가니 종수형이 있었다.

1975. 9. 16 화 날씨 (비) 5시 30분 일어남 (초6)

제목 : 하훈이누 1

학교에서 돌아와 개를 보니 어찌 좀 아픈 듯했다. 그것을 알아보려고 어머니께 여쭸더니 아침 식전에 갈치 찌꺼기를 생것으로 막 먹더라는 것이다. 그리고 10시쯤에는 한 서넛 번 토하더니 점심때는 밥도 안 먹고 통 힘없이 축 늘어져 부엌문 앞에만 엎어져 있더라는 것이다. 내가 와서 이름을 불러도(이름 하훈이누 하훈=슬기로운 이누 일본에서 개 이름) 반가운 기색을 보이지 않았다. 그래서 내가 밥을 먹여도 반가운 기색을 보이지 않았다. 아이들 말대로 입에 소금을 묻혀 먹여 봐도 통 안 먹었다. 소금을 입에 묻힌 까닭은 입이 짜면 밥을 먹을 것이라고 생각한 까닭이다. 이렇게 해도 안 먹고 저렇게 해도 안 먹길래 화가 나서 그냥 주먹으로 내리쳐 버렸다. 사람 같이 말을 한다면 어디가 아프다고 하면 그냥 약을 사서 먹일 것인데 말 못 하는 짐승이라 정말 갑갑했다.

다른 때 같으면 즐겁게 고속도로 옆 철조망이 쳐진 넓은 농로를 즐겁게 달리며 놀 텐데…

정말 슬펐다. 하루속히 나아 즐겁게 활동하기를 마음속으로 거듭거듭 빈다.

※너무 길었음 ○ ○ 바람

1975. 10. 6 월 날씨 (☼) 5시 20분 일어남 (초6)

제목 : 하훈이누 2

학교에서 돌아와 풀을 베러 나갔는데 개 '하훈이누'가 어느새 따라와 막 아무 데고 뛰어다니며 놀길래 막 고함을 치며 나무랐다. 그러자 좀 얌전하더만 또 남이 벼를 벤 논으로 가 벼를 밟자 주인이 막 꾸중을 했다. 나까지 꾸중을 하길래 화가 나서 하훈이누을 막 돌을 들어 쫓아 버렸다.

이때 하훈이누도 말을 알아들었는지 쑥스그레 고개를 푹 숙이고 집으로 돌아가길래 불러 쓰다듬어 주니 다시 기뻐했다.

1975. 10. 20 월 날씨 (☼) 6시 10분 일어남 (초6)

제목 : 슬픈 급장

오늘 학교 시간엔 좀 슬펐다.

내가 급장이면서 가르치지 못하는 게. 나는 국민학교 시절엔 모두 지금까지 학급 임원이 됐다. 그러나 3~2학기부턴 내가 학급 임원이 되기 싫었다. 그 이유는 너무도 분하고 슬펐기 때문에 나는 학급 임원이 되도 안된 것처럼 했다. 아이들의 시기 때문이다. 그리고 내가 학교생활에서 제일 슬프고도 싫은 시간은 선생님이 수업 시간이나 무슨 시간에 나가시는 것이다.

나는 일 학기 때 선생님이 나가시면 변소 간 측 해가지고 다른 곳에서 어서 선생님이 오셨으면 하고 기다리다 선생님이 오시면 얼른 들어온다.

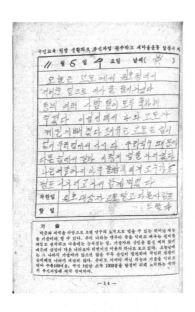

1975. 11. 5 수 날씨 (☼) (초6)

제목 : 고모

오늘은 고모께서 원호청에서 지어준 집으로 이사를 들어가셨다. 동네 여러 사람들이 모두 축하해 주셨다. 이 집 진 데서 나와 고모가 제일 기뻐했다. 그 이유는 고모는 집이 없어 우리 집에서 사시다 우리 식구 때문에 다른 집에서 살다 이렇게 집을 가지셨다.

나는 지금까지 아주 불쌍히 여겨 고구마도 껌도 사가지고 가서 함께 먹었다.

착한 일: 원호대상자 고모 말고 다른 사람도 도왔다.

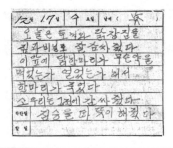

1975. 12. 17 수 날씨 (☼) (초6)

제목 : 가축우리

오늘은 토끼와 닭장집을 짚과 비닐로 잘 감싸 줬다.

이 앞에 닭 한 마리가 무슨 약을 먹었는가 얼었는가 해서 한 마리가 죽었다.

소 우리는 그전에 감싸줬다.

착한 일 : 짐승을 따뜻이 해 줬다.

1975. 12. 28 일 날씨 (☼) (초6)

제목 : 하훈이누 3

저녁에 쇠죽을 퍼 주고 들어 올려다보니 우리 집 개 하훈이누가

마당 한쪽 집벼늘에서 웅크리고 있길래

추울까 봐 짚으로 덮어 줬더니 가만히 누웠다가 나와 버렸다.

왜 그런가를 엄마께 여쭸더니 개는 덮지 않고 잔다고 말씀하셨다.

1976. 2. 19 목 날씨 (☆) 반성 (○) (중1)

제목 : 소

오늘 아침에 밥을 먹는데 소 장수들이 와서 소 언제 파느냐고 한다. 소 장수들이 갑자기 온 것은 그전에 아버지께서 소를 판다고 하셔서 온 것이다. 왜 소를 파냐 하면 내가 중학교에 가고 또 짚 볏단이 모자랐기 때문이다. 그런데 이 손 우리 것이 아니라 고모 것이다.

그 전에 밭을 살려고 장으로 끌고 갔다 너무 값이 허무했기 때문에 되돌아와 우리 동네 사람에게 판 것을 고모께서 다시 사서 우리더러 키우라 하신 것이다. 고모께서는 논이 1마지기밖에 안 되고 집도 없는 원호대상자이시나 이번에 원호청에서 집을 지어 주셨다. 그런 고모께서 소를 사 주시다니 정말 놀랄 일이다. 그전에 이

소를 팔러 장에 갔을 때 나도 따라갔는데 소장사와 흥정을 할 때 나는 눈물이 핑 돌았다. 그러나 다시 돌아오자 그제야 안심이 됐다.

짐승이어서 팔아야 하는 이 소, 팔릴 때까지나마 잘 먹여야겠다.

제목 : 공부

오늘은 월말고사를 보는 날이다. 첫째 시간에 막상 시험지를 받고 보니 후회가 닥쳐온다. 통 아무것도 모르겠고 깜깜했다. 평소에 공부를 않한 까닭이다. 그러나 영어, 생물 등은 아주 쉬웠다. 눈 감고도 할 정도로 쉬웠다. 그러나저러나 국어 사회 수학은 문젯거리다. 공부는 사회를 제일 많이 했는데 제일 못했다. 시험문제를 통 참고서(필승)에서 내기 때문에 나는 참고서가 많이 없고 해서 문제를 내는 방향을 몰라 못했다. 책이나 노트를 보고 이쪽 방향으로 공부를 하면 선생님은 참고서에서 저쪽 방향으로 시험문제를 내기 때문이다. 하여튼 오늘 시험은 낭패다.

담부터는 오늘과 같은 후회가 없도록 하겠다.

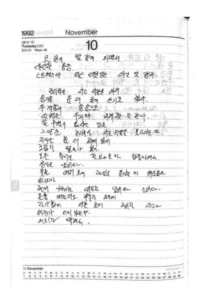

1992. 11. 10 화 (30세)

제목 : 의지

코끝이 빨갛게 되면서 대단한 통증.

스트레스와 피곤 때문만은 아닌 것 같아.

논리적인 사고 작용을 위해 일기를 좀 더 길게 쓰기로 했다.

두 개쯤의 글감으로.

언변은 두뇌와 비례하는 것 같다.

말주변이 없다는 것은 그만큼 논리적인 사고 작용을 못 한다는 것.

지식을 좀 더 체계 있게 조합할 필요가 있어.

모든 촉각을 한 곳으로만 집중시켜서.

분산은 낭비다.

물론 여러 곳에 관심을 둔다는 게 쉬운 일은 아니지만

현재 나에게는 대단한 낭비와 소비다.

온통 매진해도 부족한 때에 한가롭게 다른 곳에 허비할 시간과 여유가 어디 있는가.

의지가 약해서.

1993. 1. 13 수 (31세)

제목 : 약속

매일 60쪽 이상 읽자는 약속이 피곤하다고,

강습받는다는 핑계로 제대로 지켜지지가 않는구나.

책 한 권 읽는데 지겹도록 오래 걸린다.

흥미 있는 소설책 읽듯이 쏙 빠져서 정신없이 읽을 수 없을까?

刑·總을 1달 동안 200쪽 읽고 있다.

지겹도록 짜증 나는 녀석이구만.

일본어도 좀 쉬었더니 원점에 가깝다.

하루 24시간을 어떻게 하면 아깝지 않게 알차고 짜임새 있게 쓸 수 있을까?

잠시도 쉬지 말자.

잠시도 머릿속에서 놓지를 말자.

자나 깨나 미친 듯이 매달려 보자.

온 인생을 걸고.

설마 아니 열리지 않으려고.

확신은 있다.

막연하지만 틀림없이 합격은 한다.

그 과정이 약간의 불안감을 줄 뿐. 걱정은 없다.

문제 될 것도 없고,

단지 내가 게을러지면 어쩌나 하는 걱정뿐.

神이여 힘을 주소서. 주의 집중력을.

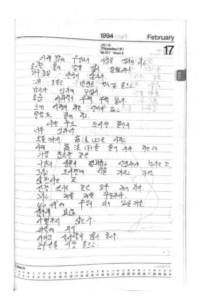

1994. 2. 17 목 (32세)

제목 : 40代에 무엇이 되어 있을까

어젯밤에 우성이가 기침을 심하게 하고 토하는 통에

잠을 많이 설쳤더니 하루 종일 안정이 안 되다.

그래 오늘은 빈센트 병원엘 들르고.

감기가 심하게 걸렸어.

요즘 어휘력이 부쩍부쩍 늘다.

크게 어려워하는 단어가 없고 문장도 길게 하고.

이번 주도 도서관 결석이 너무 심하다.

오늘까지 商法(上)은 마치고 이제 商法(下)를 들어가야 하는데.

가장 중요한 것은 나날의 생활이 평화롭고 안정되어야 한다는 것.

그리고 도서관에 차를 가지고 가면 안 된다는 것.

신경 쓰이는 것은 모두 제거하자.

그리고 제발 제발 꾸준하자.

40代에 무엇이 되어 있을까를 생각해 보렴.

아찔하지 않는가.

저녁에 외식

어머님 식사량이 많이 줄다.

농수산물 시장 들르고.

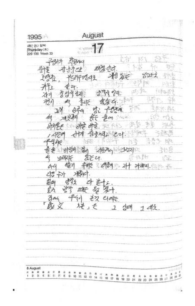

1995. 8. 17 목 (35세)

제목 : 두 아들 1

우성이가 학원에서 친구를 장난감으로 때렸단다.

호탕하고 부드러우면서도 개성 있는 남자로 키우고 싶다.

자기중심적인지, 공격적인지, 기분이 썩 좋지는 않았다.

그래 오후에 광교 수영장에 썩 깨끗하지 않은 물에 아이들은 바글바글.

1시간여 신나게 첨벙거리고 오다.

우석이는 솔솔 바람이 불어 시원해서 그런지 썩 보채지는 않는다.

어서 빨리 무더운 여름이 지나가야지.

다음 주가 개학이다. 벌써 방학도 다 끝나고.

요번 방학 때는 뭘 했나.

집에서 우석이 본 것 외에는.

「成文 기본」은 그 상태 그대로.

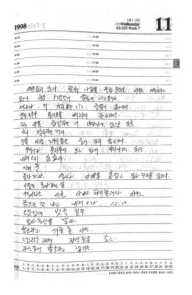

1998. 2. 11 수 (36세)

제목 : 두 아들 2

예전 같지 않다. 벌써 나왔을 학급 문집을 아직도 미적거리고 있으니.

처음 5년간이 열정의 시기일 거야. 지식보다 더 가치 있는(?) 정열이 있으니까.

생활기록부, 통지표를 써놔서 한가하다. 그저 애들 잡담하는 거 바라보는 것으로 만족.

아니 방치하는 거지.

정말 이번 녀석들은 정이 가지 않는구나.

우석이가 무지무지 보고 싶어 부리나케 퇴근.

내려오지 않았다. 어깨 축.

올라가자. 역시나 아빠를 붙잡고 놓아주지를 않는다.

이렇게 좋아하는 걸.

우성이랑은 서로 아빠 차지하려다 싸우고.

잠드는 것 보고 내려오다. 12:00

오랜만에 빗속 질주.

봉사 정신을 갖자.

양보하고 위할 줄 아는.

너그러운 자의 자신감을 갖고.

자신감의 발로라고 했거든.

1999. 3. 7 일 (37세)

제목 : 영어 일기

Driving

Maybe my interest will be Drive.

Because another is nothing.

Last night at 10:40 start.

You-su, Sa-chun.

Total 870km. 24 hour

Some tired but mood is good.

In You-su we met young sister

Good Luck.

God blessed her.

There are we went fish market place.

My favorit food is fish.

P.M 2:00 we arrived sa-chun.

Take a some fruit we went Mountain.

There a Woo-sung's maternal grandfather.

The weather is warm.

Because so drive I have some headache.

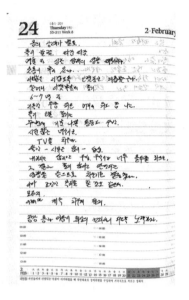

2000. 2. 24 목 (38세)

제목 : TV를 치우다

몸의 상태가 별로, 목이 칼칼, 따끔따끔.

며칠 전 심한 담배의 영향 때문이리라.

잇몸이 부어 있다.

이빨은 지겹도록 오랫동안 괴롭히는구나.

뒷머리 아랫부분에 종기.

6~7년 전 지독한 무좀 뒤로 머리에 뭐가 좀 나고

특히 오늘 종기는 주변에 기분 나쁜 통증도 수반.

시원찮은 녀석이군.

TV를 치우다.

약간 -사실은 많이- 섭섭.

내키지 않지만 우성, 우석이가 너무 몰두를 하므로.

그 결과 좋지 않다고 판단되는 영향을 받으므로 치우기로 결정했다.

아마 조만간 복귀를 할 것 같은데.

모르지, 어쩌면 계속 치우게 될지.

항상 몸과 마음이 최상의 컨디션이 되도록 노력하자.

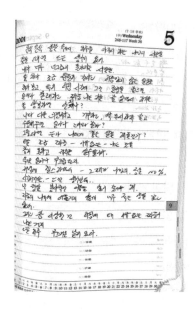

2001. 9. 5 수 (39세)

제목 : 좀 부끄러운

문득문득 생활 속에서, 하루를 마무리하는 나만의 시간을 갖을 때면 드는 생각이
있어.

내가 너무 너그럽지 못하다는 사실을.

앞차가 조금 천천히 간다고 아름답지 않은 얼굴로 쳐다보고,

특히 아침 시간에 그런 표정을 받으면 얼마나 불쾌하고 짜증 나는지를 잘 알면서
하거든.

좀 양보하면 안 되나?

나와 다른 의견이라고 거부하고, 싹 무시하지 말고

수용해 주면 얼마나 고마워할까?

그렇다면 누가 나에게 좋은 말을 해 줄 건가?

오늘 조금 짜증 -이유 없는- 나는 것을 참지 못하고 저지른 실수들이다.

속으로 얼마나 부끄럽던지.

저녁에 헬스 하면서 -그때가 나만의 정말 100% 시간이거든-

느낀 생각인데…

난 정말 봉사적인 마음을 많이 가져야 해.

지금의 나이에 어울리지 않게 너무 적은 양을 갖고 있어.

그리고 참 이상한 건 아침에 왜 이유 없는 짜증이 나는 건지.

오늘 하루 부끄러운 날이었다.

2005. 1. 30 일 (43세)

제목 : 소질

꽁꽁 추운 날씨. 햇빛이 참 따사롭다.

오전에 우석이는 수학 문제 풀이. 아빠보다 훨씬 낫다.

내가 아무리 수학에 어둡다 해도, 그래도 그렇지.

하지만 우석이는 낫다.

지금 수준에서도 6학년 것을 소화할 수 있을 것 같다.

우성이는 미술 2시간.

다행히 재미가 있나 보다.

솜씨도 좋고.

도움받아서 그렸겠지만 난 아직까지 저런 작품을 그려 본 적이 없어.

오후에는 피아노, 소파 등 약간의 가구 배치.

마음까지도 개운하다.

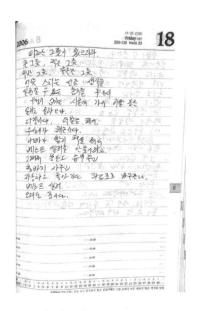

2006. 8. 18 금 (44세)

제목 : 베스트셀러

타고난 그릇이 있으리라.

큰 그릇, 작은 그릇, 착한 그릇, 부족한 그릇.

언뜻 스치는 선한 생각을 실천할 수 있는 용기를 주소서.

우성이 엄마는 시골에 가서 이틀 동안 일하고 올라오다.

다행이다. 역할을 해서.

우성이 채근이다.

아빠가 빨리 책을 써서 베스트 셀러를 만들라고.

그래서 용돈도 듬뿍 주고, 청바지 사주고 자동차도 좋아하는 콰트로로 바꾸잔다.

베스트 셀러.

오래된 꿈이다.

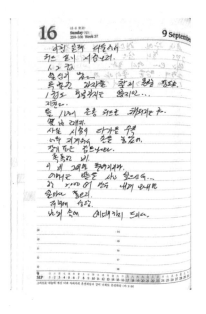

2007. 9. 16 일 (45세)

제목 : 워드

아침 일찍 서둘러서 워드 실기 시험 보러.

1.2급. 열심히 봤다.

특별한 하자를 찾지 못할 정도로.

1급도 충분하지는 않지만…. 지친다.

올 1년이 온통 워드로 채워지는구나.

몇 번째지?

사실 시험이 다가올수록 너무 지겨워서 손을 놓았어.

장기전은 힘드나 봐.

촉촉한 비

이 비 그치면 추워지리라.

어머니 밭을 사고 싶으신데….

한 2,000여만 원 내려보내면 얼마나 좋으리.

저녁에 성당, 번뇌 속에 미사까지 드리다.

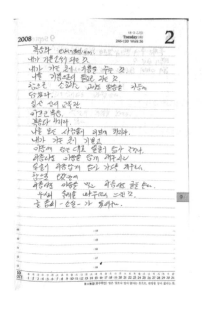

2008. 9. 2 화 (46세)

제목 : 우성이 소질

복음화 evangelism.

내가 기쁜 소식이 되는 것.

내가 가는 곳이 기쁨을 주는 것.

참으로 소중하고 고마운 말씀을 가슴에 담았다.

일산 성서 교육관. 마르코복음. 복음화하리라.

나를 보는 사람들이 기쁘게 하리라.

내가 가는 곳이 기쁘고, 마음에 담는 대로 얼굴이 닮아 간단다.

아름다운 마음을 담게 해 주시고,

얼굴이 아름답게 닮아 가도록 해 주소서.

참으로 오랜만에 아름다운 마음을 먹고 아름다운 글을 쓴다.

우성이 숙제를 봐주면서 느낀 것.

글솜씨 -소설- 가 있더구나.

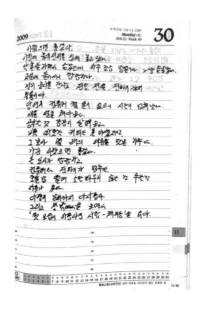

2009. 11. 30 월 (47세)

제목 : 이랬으면 좋겠다

아침에 휴대전화를 집에 놓고 왔다. 막 출발하면서 알았는데,

아주 조금 망설이다 그냥 출발했다.

교실에 들어서니 깜깜하다.

전기 공사를 한다고 전등, 전열, 전화기까지 먹통이다.

당연히 컴퓨터 켤 일이 없으니 시간이 넘쳐 난다.

애들 얼굴 쳐다보고, 공부한 것 꼼꼼히 살펴보고.

비록 따뜻한 커피는 못 마셨지만, 그보다 몇 배의 여유를 맛본 하루다.

가끔 이랬으면 좋겠다.

온 도시가 깜깜하고, 컴퓨터와 전화기가 멈추는.

호들갑 떨며 소란 피우지 않는 한 무한한 자유가 있다.

다행히 날씨까지 다사롭다.

그리고 창밖을 보면서 '뒷모습이 아름다운 사람- 채희동'을 읽다.

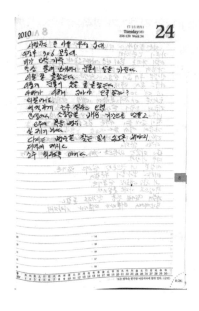

제목 : 우성 입대

사랑하는 큰아들 우성 입대.

의정부 306 보충대.

비가 오락가락, 막상 들여보내려니 눈물이 앞을 가린다.

이럴 줄 몰랐는데. 이렇게 눈물이 있을 줄 몰랐는데.

아빠가 이러니 엄마야 오죽할까? 외할머니도.

씩씩하게 근무 잘하고 오렴.

인생에서 소중함을 배운 기간으로 만들고.

오후에 복음 병원. 실 제거하다.

다시는 병원을 찾는 일이 없도록 해야지.

저녁에 레지오, 소주 취하도록 마시다.

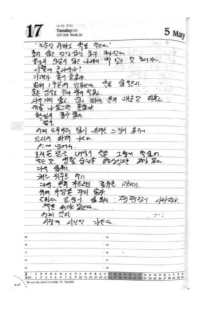

2011. 5. 17 화 (49세)

제목 : 요로 결석

'조금만 아파도 약을 먹는다.'

좋지 않은 건강 습관 중의 하나란다. 유난히 엄살이 많은 나에게 딱 맞는 것 중의 하나, 사혈의 효과인가? 가래가 줄어들었다. 벌써 1주일여 넘었는데 약을 안 먹은 지.

물론 음식도 주의해서 먹었고. 과식하지 않고, 맵고 짜게, 특히 매운 것 피하고.

제발 나았으면 좋겠다. 확실히 좋아졌어.

결석.

어제 오후부터 많이 내려온 느낌이 있더니 드디어 빠져나오다.

9:00 넘어서. 모래알 같은 녀석이 속을 그렇게 썩였어.

먹는 것, 생활 습관을 평상심으로 해야겠다.

과식하지 않기, 채소 위주로 먹기, 과음, 특히 부드러운 종류로 마시기.

위에 부담을 주지 말자. 소화와 트림이 안 되는, 찜찜함이 사라지다.

책을 써야겠는데…. 언제 쓸지.

이렇게 시간만 가는데.

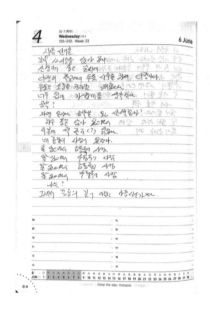

2014. 6. 4 수 (52세)

제목 : 지방선거일

꼬박 12시간을 앉아 있다. 산행하기 좋은 날씨에.

다행히 학교에서 투표사무를 하여 다행이다.

투표는 소중한 권리라고 배웠는데, 너무 쉽게, 가볍게들 생각한다.

공약? 과연 얼마나 공약을 보고 선택할까?

하루 종일 앉아 있으면서 덕분에 책 한 권 읽었다.

네 종류의 사람이 있단다.

말 많으면서 긍정적인 사람

말 많으면서 부정적인 사람

말 없으면서 긍정적인 사람

말 없으면서 부정적인 사람.

나는?

그래서 중용의 길이 어렵고 아름다운가 봐.

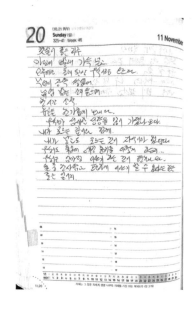

2016. 11. 20 일 (54세)

제목 : 우석이 성향

햇살이 좋은 하루.

마당에 빨래 가득 널고 오후에는 동네 뒷산 우석이랑 오르다.

낙엽이 잔뜩 쌓였어.

낙엽 밟는 소리 들으며 한 시간 산책.

휴일을 한가롭게 보내다.

우석이가 섬세한 성향을 많이 가졌나 보다.

내가 모르는 깊이와 함께.

내가 낳고도 모르는 것이 자식이라 했단다.

우성이도 취업에 대한 준비를 어떻게 하는지….

우성이는 엄마랑 이야기하는 것이 편한가 보다.

둘 중 한 사람과 편하게 이야기할 수 있다는 것은 좋은 일이지.

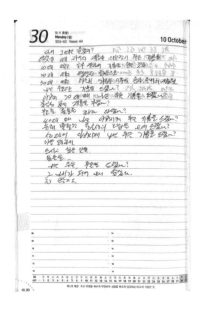

2017. 10. 30 월 (55세)

제목 : 왜 그때는 몰랐지?

어렸을 때 자식의 재롱과 의젓함이 주는 기쁨을.

10대 때는 공부 잘하여 기쁨을 주는 것을.

20대 때는 팽팽한 젊음으로.

30대 때는 화목한 가정을 이루어 손자 손녀의 재롱으로.

나는 무엇으로 기쁨을 드렸나?

아버지 30대 때 나는 무슨 기쁨을 드렸나?

붙임성 있게 재롱을 부렸나?

부모를 졸졸졸 따라다녔나?

40대 때 나는 아버지께 무슨 기쁨을 드렸나?

유쾌 발랄한 청소년의 모습을 보여 드렸나?

50대의 아버지께 나는 무슨 기쁨을 드렸나?

마음 편하게 드시고 싶은 것을, 용돈을….

나는 무슨, 무엇을 드렸나?

그 나이가 되어 보니 알겠다.

참 빨리도.

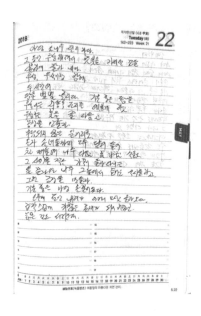

2018. 5. 21 월 (56세)

제목 : 늙기도 서러운데

마당 소나무 전지하다.

그동안 무성해져서 햇빛을 가리던 것을 시원하게 잘라 내다.

우성, 우석이랑 함께, 두 시간여 땀을 뻘뻘 흘리다. 기분 좋은 땀을.

우석이는 회양목 전지를 예쁘게 하고,

우성이는 꽃을 잘 다듬고.

농장을 만들자. 부담되지 않는 일거리로.

손자, 손녀들까지 모두 달려들어 웃고 떠들며 나무 다듬고 꽃 가꾸고 식물도.

그 사이를 작은 가축이 돌아다니는.

일 끝나면 나무 그늘에서 즐거운 식사를 하고, 그런 농장을 만들자.

기분 좋은 마당 손질이었다.

오후에 천안 내려가 어머니 모시고 올라오다.

급작스럽게 귀찮은 존재가 되어버렸군.

늙은 것도 서러운데.

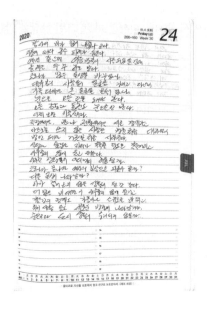

2020. 7. 24 금 (58세)

제목 : 코로나

밤사이 비가 많이 내렸나 보다. 지방에 따라 홍수 피해가 들린다. 예년 같으면 여름방학이 시작되었을 건데 올해는 두 주 하고 만다. 코로나가 많은 일상을 바꾸었다. 대부분 사람들이 얼굴을 가리고 다녀서 가족 외에는 온 얼굴을 본 적이 없다. 눈으로 모든 것을 해야 한다. 모든 감정 표현도 눈으로만 한다. 어찌 보면 이중적이다. 직장에서는, 버스나 전철에서는 서로 경계하고 마스크를 쓰지 않은 사람은 병균처럼 대하면서 밤만 되면 거짓말처럼 사라진다. 식당과 술집은 자리가 부족할 정도로 북적거리고 아무렇지 않게 웃고 떠든다. 이러한 상황이 어디까지 허용될까? 코로나가 끝나면 예전의 일상으로 되돌아갈까? 다른 일상이 나타날까? 아마 겪어보지 않은 생활이 될 것 같다. 더 많은 비대면이 아무렇지 않게 될 거고 개인 간의 관계도 가족이나 소규모로 바뀌고 취미 생활 등도 새로운 방법이 나타날 거야. 무엇보다 도시 생활이 붕괴되지 않을까….

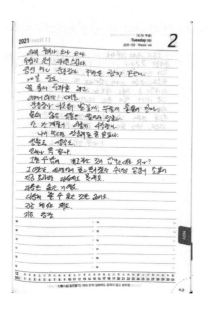

2021. 11. 2 화 (59세)

제목 : 다음은 없는 거예요

이제 추위가 오나 보다. 두툼한 옷이 자연스럽다.

점심 먹고 운동장 가 주변을 잠깐 걷는다. 20분 정도.

몇 통의 전화를 하고, 어머니와는 매일.

운동장 가 나뭇잎이 발갛게, 누렇게 물들어 간다.

벌써 많은 잎들은 떨어져 딩굴고,

또 한 계절이 이렇게 시작한다.

나이 먹으면 단순해질 줄 알았다. 생활도 생각도.

언제나 똑같다.

그럴 수밖에. 개조하는 것이 맘먹은 대로 되나?

그 옛날, 세례명이 길고 특이했던 수녀님 말씀이 맞았어.

지금 못하면 다음에도 못해요.

다음은 없는 거예요.

다음에 할 수 있는 것은 없어요.

지금 해야 돼요.

지금 당장.

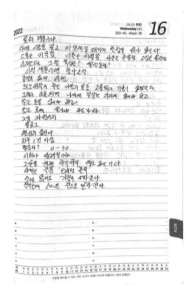

2022. 11. 16 수 (60세)

제목 : 블로그

벌써 겨울이다.

차에 시동을 걸고 따뜻해질 때까지 한참을 앉아 있다.

스물은 미숙함, 서른은 치열함, 마흔은 흔들림, 오십은 일관성이라는데

그럼 육십은? 달관일까?

이런 계절이면 찾아오던 감상도 없다. 이젠.

희노애락이 주는 마음의 요동. 고통 뒤의 기쁨이 있었는데.

그래서 때되면 나이에 걸맞는 자리에 있어야 하고.

맞는 옷을 입어야 하고 맞는 곳에 살아야 하는가 봐.

그게 자연이지,

블로그

열심히 올린다. 하루 1건 이상.

방문자? 0~30. 이러다 알려질 거야.

그날을 위해 차곡차곡 쌓고 있는 거다.

아끼는 작품, '오래된 흔적'

언제 읽어도 가슴이 아려온다.

순식간에 50년 전으로 날아간다.

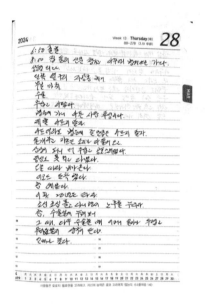

2024. 3. 28 목 (62세)

제목 : 언제나 늦다

6:50 출발. 8:00 집 들러 신문 챙기고 아주대 병원으로 가다.

성형외과. 왼쪽 옆구리 지방종 제거. 부분 마취. 수술

무섭고 아팠다. 병원에 가니 아픈 사람투성이다.

제발 아프지 말자. 아프더라도 병원에 갈 만큼은 아프지 말자.

절개하고 자르는 소리가 다 들어오고.

상상이 되니 더 무섭고 공포스러웠다.

점심도 못 먹고 다녔다. 오늘따라 비가 온다.

어코드 도착했다. 참 예쁘다. 이 차 20년은 타자.

조심조심 몰고 다니면서 노후를 누리자.

참, 수술실에 누워보니 그때, 어머니 와우 수술할 때

어머니 얼마나 두렵고 무서웠을지 생각이 든다.

언제나 늦다.

아빠 독서 일기

아빠의 독서는 다독입니다. 경계 없이 읽습니다. 독서 후 활동으로 가족 토론을 합니다. 각자 읽은 책을 소개하거나 함께 읽은 책에 대하여 이야기 합니다. 다음은 형식이 각기 다른 독후감입니다.

『색채가 없는 다자키 쓰쿠루와 그가 순례를 떠난 해』를 읽고
무라카미 하루키 지음, 양억관 옮김, 민음사, 2013

'난 이렇게 생각해. 사실이란 모래에 묻힌 도시 같은 거라고. 시간이 지나면 지날수록 모래가 쌓여 점점 깊어지는 경우도 있고, 시간의 경과와 함께 모래가 날아가서 그 모습이 밝게 드러나는 경우도 있어.' (p.p 229)

나의 독서법은 이렇다.

첫째, 2~3권의 책을 한꺼번에 읽어 나간다. 가벼운 책, 무거운 책, 중간 정도 집중력을 요구하는 책 이렇게 읽는다. 예를 들어, 요즘은 『무의식의 마음을 그린 서양미술』, 『국제개발 협력』, 『색채가 없는 다자키 쓰쿠루와

그가 순례를 떠난 해』를 읽는다. 뭐가 무겁고 가벼운지는 모르겠다. 세 권이 방향과 내용이 전혀 다르다는 것으로 구분할까?

둘째, 완독할 때까지 다른 일을 못 한다. 책을 한 번 들면 결말이 궁금해 놓지 못하는 경우가 많다. 그래서 전집을 읽으려면 해외여행 가는 만큼 연중계획에 넣어야 한다. 10권, 12권짜리 전집을 읽을 때는 사흘 또는 나흘 동안 집 밖을 나가지 않을 때도 있다. 심한 경우 큰 식빵 두 봉지와 생수 몇 병 놓고 시작한 적도 있었다.

셋째, 읽은 책 다시 읽는 경우 거의 없다. 한번 꽂히면 다섯 번까지 읽은 책도 있지만, 그런 경우는 10년에 한두 번 정도다. 아, 두 번 읽는 책 있다. 오늘 이 책, 『색채가 없는 다자키 쓰쿠루와 그가 순례를 떠난 해』

이 책을 두 번 읽는 이유?

첫째, 이해를 못 했다. 하루키의 소설답게 술술 읽혔는데, 재미있게 읽었는데, 읽고 나서 남는 것? 대체 무엇을 전하려 한 것일까? 내가 못 따라가는 걸까? 놓친 것이 있나? 무언가 있는데, 못 찾겠다. 얻을 것 있어야 하는데…. 그냥 독서 한 권 했다? 물론 읽은 후 남는 것이 없어도 좋다. 하지만 이 책 미련이 남는다. 무언가를 건져야 할 것 같다. 이대로 반납하기 좀 억울하다. 이럴 땐 일단 보류다. 두 주 지나 다시 들었다. 첫 번째 읽을 때 붙여 놓은 포스트잇 다 떼고 다시 읽었다.

어쩌면….

'재능이란 그릇과 같아. 아무리 노력해도 그 크기는 쉽사리 바뀌지 않아. 그리고 일정한 양을 넘으면 물은 더 들어가지 않아.'   (p.p 232)

내 그릇은 이미 넘치고 있는지 모른다.

둘째, 나다! 색채가 없는, 개성이 없는 다자키는 바로 나다! 나 역시 있는 듯 없는 듯 그런 인간이다. 화려한 언변도, 돌아보게 만드는 외모도 아니다. 출석을 부르지 않는 한 왔는지 갔는지 모르게 존재감 없다. 1주일 내 찾는 전화 한 통 없을 때 많다. 까톡까톡, 땡! 광고 문자는 자주 받는다. 퇴근하고 집에 오면 다시 나가는 일이 거의 없다. 철 따라 이리저리 가구 배치하는 것, 예쁜 접시 사 모으는 것, 그 접시에 음식 데코레이션 하는 것이 취미다. 다자키가 그렇다, 내가 그렇다. 색채 없는 남자다. 그래서 다시 읽었다. 꼼꼼히 읽었다. 씹어 먹듯 읽었다. 두 번 읽게 하다니! 그리고 찾았다. 구구절절 맘에 드는 문구 찾았다. 포스트잇이 첫 번 읽을 때보다 두 배로 늘었다. 한쪽 걸러 한쪽마다 명문구다. 그중 위 문구에 꽂혔다. 하고 많은 문구 중에 이 말이 들어오다니. 다자키와 성향이 비슷해서인가? 난 시간의 효용을 믿는다. 시간은 많은 것을 해결해 준다. 지독한 아픔, 시련, 사랑, 행복도 시간이 지나면 흐릿해진다. 시간은 약이다.

'지금, 잔뜩 뿔이 오른 지금 해결하려 하지 마. 시간이 지나면 아무렇지 않게 돼.'

난 그런 성향이다. 그러니 이 말에 꽂힐 수밖에. 그렇다고 막무가내 기다린다는 것은 아니다. 외면하고 회피하자는 것도 아니다. 경중을 따지기 어려울 때 기다림을 선택한다는 의미다.

'우리네 인생에는 어떤 언어로도 제대로 설명하기 어려운 게 있는 법'이
니까.   (p.p 308)

진실이 승리한다고? 모래가 날아가 밝혀질 때 그렇다. 너와 나 사이 오
해, 언젠가는 밝혀지겠지? 둘 중 하나다. 밝혀지거나 묻히거나. 바람이 분
다. 모래에 묻힌 도시를 덮는 바람인지, 벗겨 내는 바람일지는 자연만이
알 것이다. 커티샥 한 잔과 「르 말 뒤 페이」가 필요한 밤이다.

『나는 단순하게 살기로 했다』를 읽고

사사키 후미오 지음, 김윤경 옮김, 비즈니스북스, 2015

    난 걱정이 많은 사람이다. 좋게 표현하면 생각이 많다. 사람은 하루에 6만 가지 생각한다지만, 난 조금 더 많지 싶다. 6만에 100개쯤 더. 나라 경제 걱정(?), 우크라이나에서 이제는 중동의 하마스와 이스라엘을 거쳐 홍해 걱정(?), 귀가 후 주차까지 맨날 걱정이다. 나이 먹으면 단순해진다고? 천만의 말씀. 오히려 걱정거리가 늘어난다. 아직 말이 늘어나는 수준까지는 가지 않았다. 웃어도, 욕해도 좋다. 나도 모르게 이렇게 되는 걸 어떡하나. 참 걱정이다. 생각 없이 살 수 없을까? 단순한 사람은 얼마나 좋을까? 세상에! 그런 생각 안 들어? 라는 감탄사가 나오게 하는 사람들, 사실은 그 사람도 나와 다른 걱정을 하는 것일 텐데….

    생각 많음에 몸과 마음이 지칠 때가 있다. 그럴 때는 산책으로 달래보지만, 그 또한 맘대로 되지 않는다. 하루 생각의 80%가 부정적인 거란다. 그러니 머릿속이 오죽할까? 그래서 한때는 인생 최대(?) 목표가 생각 없음, 단순하게 사는 거였다. 오죽했으면

‘걱정해서 걱정이 없어지면 걱정이 없겠네.’

를 포스트잇에 써 모니터 옆에 붙여 놓았을까. 이 제목의 책, 블로그, 유튜브 많다. 내가 얼마나 단순함을 추구하는지, 생각에서 도망치고 싶어 하는지 강조하고자 이렇게 여러 가지를 말하고 말한다. 내 의도가 제대로 전달될지 걱정이다. 적절한 때에 이 책이 눈에 띄었다. 제목이 들어왔다. 보

통 제목만 보고 집어 들지 않나? 브런치에서도 그런 것처럼.

　엄지손가락이 좌우로 춤을 추다 멋진 제목, 순간 꽂히는 제목이 눈에 띄면 읽는 것처럼. 그래서 제목을 고치고 수정하고, 글을 쓰는 중간중간 또 고쳐가며 쓰지 않나? 이 책도 그렇게 해서 집어 들었다. 삶이 복잡한, 단순한 인생을 추구하는 사람들에게 필요한 지침일 거야. 나에게 딱 맞는 책이네. 생각할 것도 없어. 바로 구매했다. 물건을 버리란다. 부제가 물건을 버린 후 찾아온 12가지 놀라운 인생의 변화인 것을 눈여겨봤어야 하는데. 하지만…. 본문 들어가면서 팍 꽂혔다.

'너는 결국 네가 가진 물건에 소유 당하고 말 거야.'　　　　(p.p 43)

　난데? 내가 그러는데. 소중한 내 차 문콕 할까 봐 온 조바심 다 부려 주차하고, 혹시라도 잃어버릴까 봐, 요즘 부쩍 자주 그런다. 추위에 바들바들 떨면서도 비싼 장갑 집에 두고 가는 내가 그렇다. 아까워하다 이번 철 놓친 옷 얼마나 많은가. 난 이미 물건에 '소유 당했다.' 물론 이 책은 지은이의 나라답게 동일본 대지진 때 소중하게 여겼던 물건이 오히려 다치거나 죽게 할 수도 있다는 것 등 일본의 특성이 반영되어 있다. 그렇지만 동시대, 같은 문화권을 살아가는 우리에게 시사하는 바가 크다. 더 버리고 싶은 이들을 위한 15가지 방법 중 다섯 번째, '버릴 수 없는 게 아니라 버리기 싫을 뿐' 어쩌면, 내가 근심 걱정(생각?)이 많은 이유는, 걱정하는 사고가 습관이 되었을 수도 있고, 그동안 해 오던 근심 걱정을 버리기 아까워 잡은 것일 수도 있다. 아니다. 끊어내지 못했다고 쓰고 싶다. 또 내 안의 불안감이 근심과 걱정으로 나오는 것일 수도 있고, 그거라도 해서 불안감을 잊고 싶어 하는 것일 수도 있다. 비약이 심한 것 아닐까? 걱정이다.

저자는 말한다. 사람들은 현재 상황을 그대로 유지하며 편안함을 쫓으려는 경향이 있다. 물건을 버리는 것은 행동이고, 물건을 그대로 두는 것은 행동이 아닌 현상 유지기 때문에 확실히 편한 선택이다. 난 편한 선택을 한 거다. 걱정이 오히려 낫다. 새로운 불안보다.

마트를 창고로 생각하라.

이건 딱이다. 내가 하고 싶은 말이다. 지난주에도 냉장고 한 번 뒤집었다. 아직도 버릴 것 절반 더 남았다. 마트는 당신에게 필요한 물건을 놓아둘 장소를 확보하고 꼼꼼히 관리해주는 창고다. 편의점은 갑자기 물건이 필요할 때를 대비해 일부러 24시간 열어두는 창고라는 대목에서는 격한 공감을 해야 하는지, 우리 정서는 그게 아니라고 해야 하는지….

메모지 한 장도 버리지 못하던 성격이 최소한의 물건만 남기고 버리고, 처분하고서 자유를 만끽한단다. 개인의 자유를 넘어 지구까지 이롭게 하는 미니멀리즘, 오롯이 실천할 수 없다 하더라도 많은 실천이 되게 하는 책이다. 옷 정리했다. 세 상자 기부함에 넣었다. 후미오 당신 덕분이오.

제목을 착각해서 읽은 책, 제값 했다.

'물건이 자신의 가치를 표현하는 수단이 되어버린 현대 사회에서'(산케이비즈), 무소유를 실천할 수 없다면 최소한 물건에 소유 당하지는 말자. 의도가 제대로 정리되었는지 걱정이다.

『하얼빈』을 읽고

김훈 지음, 문학동네, 2022

뮤지컬 〈영웅〉, 부천, 소설 『하얼빈』, 서울 중구 소월로 91···. 공통점은? 안중근 의사다. 소설 『하얼빈』을 읽었다. 김훈 소설을 읽을 때마다 픽션과 논픽션 사이를 따라가느라 정신이 혼미(?)해진다. '하얼빈'. 제목만으로도 안중근을 떠올릴 것이다. 나 역시 그랬다. 등장인물이 단출하다.

1. 안중근

위인은 태어나는 걸까? 만들어지는 걸까? 위인전을 읽을 때마다 드는 생각이다. 황해도 산골이지만 지역 세력을 형성하던 집안의 장남, 어지러운 나라 사정에 한눈을 감으면 얼마든지 안온한 삶을 살아갈 수 있는 여건이다. 실제 많은 사람이 그렇게 살았다. 많은 사람이 문명개화로 이끌어 주는 선진 세력에 감사하고, 편승하고, 일조했다. 안중근도 당연히 그럴 수 있었다. 뒤처진 나라를 일으켜 세우는데 절호의 기회라 여기거나 대세를 거스를 수 없다는 신념을 만들고 바라만 봐도 되었다. 하지만 그렇게 하지 않았다. 무엇이 그렇게 만들었을까? 타고난 성정이 그러했을까? 집안과 주변이 국가관을 그렇게 만들어 주었을까? 어렸을 때부터 밖으로 나도는 아들의 기질을 눌러 주느라고 무거울 중, 뿌리 근을 써서 아명 응칠을 중근으로 바꾸어 준 것을 보면 타고난 기질이었다. 거기에 더하여 시국에 비분강개하는 문중 사내들과 함께 자랐다.

2. 우덕순

기묘생 토끼띠로 안중근과 동갑이다. 안중근이 연해주 일대에서 모집한 병력으로 두만강을 건너 조선 땅으로 진군할 때 안중근 부대의 하부 대원이었다. 말수가 적고 부대 안에서도 늘 혼자서 떨어져 있었다. 의병대원들의 목청 높은 시국담에 끼어들지 않았고, 투쟁의 대의를 말하지 않았다. 그가 싸움의 대열에 끼어든 것을 사람들은 의아하게 여겼다. 안중근이 하숙방으로 찾아와서 술을 사주면서 이토가 하얼빈에 온다고 말했을 때 우덕순은 안중근이 왜 왔는지를 대번에 알았다. 안중근은 우덕순에게 동행할 것인지를 대놓고 물어보지 않았고, 우덕순도 같이 가자고 대놓고 말하지 않았다. 안중근이 이토의 만주 방문을 알리는 신문을 보여주었을 때, 우덕순은 안중근과 함께 가기로 되어 있는 운명을 느꼈다.

3. 이토 히로부미

이토의 침대 발치에는 고대 이집트의 알렉산드리아에 건설되었던 파로스 등대의 모형물이 세워져 있었다. 이토가 주물 장인에게 의뢰해서 제작한 청동제 스탠드였다. 모형 등대에 수면등이 설치되어 있었다. 동양과 서양, 대양과 대양을 연결하는 이 문명사적인 항구의 옛 등대를 이토는 거룩히 여겼다. 그것은 이 세상 전체를 기호로 연결해서 재편성하는 힘의 핵심부였다. 신호로서 함대를 움직이고 신호로써 대양을 건너가는 기술은 바로 제국이 갖추어야 할 힘의 본질이라고 늘 생각하고 있었다.

"조선인들은 중국을 섬겨 왔으므로 열복이라는 말을 알 것이다. 열복은 기뻐서 스스로 따른다는 뜻이다. 이제 조선의 독립을 보장하고 동양의 평화를 실현하려면 조선인들의 열복이 필요하다. 열복은 일본 제국의 틀 안으로 순입하는 것이다. 열복은 문명개화의 입구이고 동양 평화와 조선 독립의 기초이다."

– 경복궁 경회루에서 열리니 송별연에서 한 연설

4. 김아려

안중근과의 사이에 2남 1녀를 두었다. 광복 후에도 귀국하지 않고 1946년 상해에서 죽었다. 출입이 무상했던 남편 중근은 한 번 나가면 돌아올 날짜를 말하지 않았다. 남편이 없는 동안 아이들을 낳는다. 젖먹이가 자라서 늘 옷차림이 반듯했고, 앉는 자세가 곧은 시댁 문중 사내들 틈에 앉는 모습을 상상한다.

5. 조마리아

안중근의 어머니로 거사 후 블라디보스토크로 이주해 살았다. 며느리 아려가 큰아들인 분도에게 어미의 정을 과도하게 베푸는 일을 나무란다. 말이 느려 돌이 지나서야 겨우 옹알이를 걱정하는 며느리에게

"사내란 입이 무거워야 좋다. 말이 빠른 녀석들은 똥을 오래 못 가린다."

라고 한다. 여러 항일 혁명가들은 조마리아의 애국심과 희생정신과 용기를 기리고 있다.

6. 빌렘

청계동에 성당을 세우고 주변 마을 10여 곳 공소를 다니며 미사를 집전한다. 안중근에게 토마스(도마), 그의 아들에게 베네딕토(분도)라 세례를 한다. 똑 닮은 부자의 눈을 보며 안중근이 어쩌면 하느님의 자식이라기보다는 세속의 아들 쪽에 더 가까워 보인다. 뮈텔 주교의 금지명령에도 불구하고 여순으로 가서 처형 직전의 안중근에게 고해성사와 성체성사를 베푼다. 이 일로 주교는 빌렘에게 2개월간의 성무 정지 처분을 내리나, 강력히 반발하여 파리 외방 전교회와 교황청에 부당함을 호소한다.

7. 뮈텔

1892년 약현성당, 1898년 명동대성당 완공, 1925년 로마에서 거행된 한국순교자 79위에 대한 시복식 등 천주교가 한국에 정착하는 과정에 중추적 역할을 한다. 해주 공소를 사복 방문할 때, 열아홉 살의 안중근은 길잡이로서 믿음직했지만 위태로운 어긋남을 느낀다.

'미개한 사회의 원주민들이 문명개화로 이끄는 선진의 노력을 억압으로 느끼고 거기에 저항하는 사례들을 뮈텔은 세계의 후진 지역에 파송된 동료 성직자들의 보고를 통해서 알고 있었다.'

총으로 쏘아 죽이는 방식으로 증오를 표출하는 천주교인의 죄악에 상심한다. 백 년이 넘는 박해의 세월을 견디면서 죽음에 죽음을 잇대는 순교의 피 위에 세속의 거점을 겨우 확보한 조선 교회가 또다시 세속 권력과 충돌

한다면 교회의 틀이 위태로워질 것을 걱정한다. 안중근의 정치적, 민족적 대의를 인정하지 않았고, 하얼빈의 거사를 교리상의 '죄악'으로 단정하며, 안중근의 거사에 부정적인 견해를 공공연하게 표명한다. 이 판단에 따라 1910년부터 살인하지 말라는 계명을 범한 '죄인'으로 남았던 안중근 도마를 서울대교구장 김수환 추기경에 의해 1993년 공식적으로 추모한다. 이후, 2000년 12월 3일, 한국천주교는 한국교회가 '민족 독립에 앞장서는 신자들을 이해하지 못하고 때로는 제재하기도 했음을 안타깝게 생각한다'는 입장을 밝히고 천주교정의구현전국사제단은 안중근 현양 사업을 전개한다.

8. 안중근의 가족들

– 안분도, 장남으로 흑룡강성에서 일곱 살에 죽었다.

– 안준생, 차남으로 1939년 총독부 관리들과 함께 이토 위패에 분향하고 위령하며,

"이토의 명복을 빈다."

라고 말하나, 통역이 기자들에게

"안중근이 처형 직전에 자신의 행위가 오해에서 비롯된 폭거임을 인정했다."

라고 한다. 이토 차남에게

"사죄하러 왔다."

라고 말하고 함께 이토의 업적을 기리며 장충단 공원 옆에 세운 사찰 박문사를 참배하고 분향한다. 광복 직후 김구가 장제스에게 안준생을 체포

구금해 줄 것을 요청했고, 그를 '교수형에 처해 달라'고 중국 관헌에게 부탁한다. 1952년 부산에서 죽었다.

– 안현생, 장녀로 분도와 준생의 누나다. 1941년 남편 황일청과 함께 박문사를 참배한다. 그날은 안중근의 기일이었다.

"아버지의 죄를 사죄한다."

라고 말했다고 서울에서 발행된 신문들이 보도했다. 1946년 귀국해 1959년 사망했다.

– 안정근, 동생으로 다섯 살 연하다. 여순에서 안중근이 처형될 때까지 옥바라지한다. 블라디보스토크에서 잡화상을 해서 성공했고, 독립운동을 위한 물적 토대를 마련한다. 그의 딸 미생이 김구의 장남 인과 혼인한다. 광복 후에 귀국하지 못하고 망명지 상해에서 사망했다.

– 안공근, 둘째 동생으로 중근과는 열 살 차이 난다. 안중근 가족의 생계를 부양하는 한편 여러 독립운동 단체에서 지도적 역할을 수행한다. 1939년 중경에서 실종되었다.

– 안명근, 안중근의 큰아버지 안태현의 장남이다. 북간도에서 독립군을 양성할 군사학교를 세우려는 과정에서 체포되어 10년간 복역한다. 만주에서 독립투쟁을 하다 길림성에서 죽었다.

『대만 산책』을 읽고

류영하 지음, 이숲, 2022

코로나가 오기 직전 9박 10일로 중국을 다녀왔다. 넓고, 크고, 많다는 것은 말하지 않겠다. 하지만 이건 말해야겠다. 술 종류가 많았다. 매일 저녁 다른 술을 마셨다. 난 술을 잘 마시지 못한다. 한두 잔, 기분 좋으면 서너 잔까지 갈 수 있다. 술은 비쌀수록 좋다는 진리는 세계 어디를 가나 맞다. 여기서도 비싼 술은 맛있었다. 대체로 도수가 높았다. 한 모금 넘기면 입안에 감도는 향이 좋았다. 거기에 음식도 하나같이 입에 맞았다. 참, 취두부는 올 때까지 시도해 보지 못했고, 막된장에 대충 버무려 나온 자장면은 절반도 못 먹었다. 세상에, 동남아 가서 고역을 치렀던 고수도 여기서는 입에 맞는다. 부야오 시앙차이(고수 넣지 말아주세요.) 열심히 외웠는데…. 여행에서 음식 맞으면 성공이다.

나의 첫 중국 여행은 그렇게 성공했다. 다음 여행을 기약하며 중국어를 배우기 시작했다. 그러다 코로나가 왔고, 중국행은 기약 없이 미루어졌다. 대체지를 찾았다. 대만에 가자. 여행은 아는 만큼 보인단다. 대만 여행을 위해 책을 샀다. 수많은 책 중 이 책을 잡았다. 표지에 보기, 걷기, 먹기, 알기 글씨가 빼곡해서다. 그 많은 글씨 중에 먹기가 가장 많고, 눈에 잘 띄고, 내 눈을 사로잡았다. 이번 여행 주제는 '먹기'다. 그런 줄 알았다. 대만 먹거리 소개 책인 줄 알았다. 사진이 많은 것은 장점이자 단점이 되었다. 저 멋진 사진이 한 페이지 다 차지하도록 크다면 얼마나 좋을까 하는 아쉬움이 책을 다 읽는 끝까지 들었다. 정치, 경제, 문화, 풍습, 역사, 사람, 의식주 모든 부분을 꿰었다. 덕분에 대만 여행 준비 완료다. 먹어야 할 음식 이름에 별표를 했다. 하루 한 가지씩 먹어도 1년은 머물러야 할 것 같다.

'대만도 일본처럼 바다 건너에 있다는 지리적 이점 덕분에 상상력을 충분히 발휘할 수 있었다. 그만큼 정답을 강요받을 기회가 드물었다. 대만 음식에서 그만큼의 상상력을 본다.'   (p.p 45)

이 말에 전적으로 동감한다. 취미 중 하나가 요리다. 음식을 만들 때 가끔 무아지경에 빠져들 때가 있다.

"뭘 넣었기에 이렇게 맛있어?"

"된장 한 숟가락, 고추장 약간, 그리고 사랑 듬뿍!"

요리는 창의적인 작업이다.

'총리 격인 행정 원장 쑤전창(蘇貞昌)이 순직한 경찰의 장례식에 참석해서 방명록에 서명했다. 그는 서명에 사용한 펜을 멀리 던져버렸다. 다시는 이런 슬픈 자리에 오지 않게 해달라는 염원을 표현한 행동, 이런 나쁜 일이 다시는 일어나지 않게 하겠다는 의지의 표현이다. 대만인들은 이렇게 차안(此岸)과 피안(彼岸)을 넘나든다.'   (p.p 109)

가벼이, 산책하듯이 쉬운 책인 줄 알았다. 이렇게 깊은 울림을 던질 줄 몰랐다. 덕분에 저자가 첫손에 꼽는다는 영화 〈디 아더스〉를 봤다.

'최선을 다하는 국숫집 부부와 공원 드립커피 노점 청년의 자세는 모두 유교 최고의 가치인 성(誠)의 실천이었다. 『중용(中庸)』에 성자(誠者)는 천

지도(天之道)이고, 성지자(誠之者)는 인지도(人之道)라는 말이 나온다. 최선(완전함)은 하늘의 것이고, 그것을 향해 노력하는 것은 사람의 길이다. 노력하는 자세가 진리라는 뜻이다.' (p.p 133)

삶을 얼마나 열심히 살아야 하는지, 진지하게 살아야 하는지 가르쳐 준다. 최선을 다하지 않고서 나은 결과를 얼마나 바랐는지 부끄러웠다. 이 책을 진즉 읽었더라면 승진이 빨랐을 텐데.

'20세기 초 중국 신문화운동의 지도자이자 정신적으로 대만을 정립했다고 할 수 있는 사상가 후스(胡適)는 "말이나 글로 표현하지 못하는 것은 자기 생각이 아니다."라고 단언했다. 언어와 문자의 중요성을 강조한 주장으로 중국인들의 자부심을 엿볼 수 있는 대목이다.' (p.p 207)

'객가인이 배척받은 배경에는 그들의 강한 정체성이 있다. 남과 다르다는 것은 내가 그만큼 남을 타자화한다는 의미이다. 정체성은 정도의 차이가 있겠지만 배타성을 포함한다. 사람의 성격처럼 너무 뚜렷한 정체성은 위험하다. 다른 정체성과의 충돌을 예고하기 때문이다.' (p.p 221)

책을 한 권 읽은 사람은 한 권도 읽지 않은 사람보다 더 위험하다. 그렇지 않아도 무서운 세상, 나까지 무서운 사람이면 안 된다. 또 다른 대만 책을 찾아 떠난다.

Ⅲ.
생활과 일기

일
기
로

만
들
어

가
는

삶

우리는 흔히 옳은 행위에 대한 견해나 확신에서 시작한다.

그러고는 그렇게 확신하는 이유를 생각하며 근거가 되는 원칙을 찾는다.

그다음 그 원칙에 반하는 상황을 맞닥뜨리면 혼란스러워지기 시작한다.

이러한 혼돈되는 상황을 생각하고 이를 정리해야 한다는

압박을 느끼는 것이 바로 철학으로 가는 기폭제다.

- 『정의란 무엇인가』, 마이클 샌델 지음,

김선욱 감수, 김명철 옮김, 와이즈베리, 2020

1. 이름과 함께 일기를 남긴 사람들

위인의 일기를 읽는 목적

인류가 문자를 발명하고부터 역사시대가 시작됩니다. 앞에서 우리의 기억은 휘발성이 있다고 했지요? 옛날 사람들도 잘 잊었을 것입니다. 그러니 잊지 않으려면 어딘가에 적어 놔야 했습니다. 빌려 온 곡식의 양, 키우는 가축이 몇 마리인지 기억해야 할 것이 많습니다. 처음엔 돌을 사용하여 바위에 새겼습니다. 차츰 거북이 등딱지, 점토판, 대나무 등으로 진화합니다. 기록하면서 지식이 폭발적으로 쌓여 갔습니다. 지식은 발전에 사용됩니다. 지식은 질병, 재난을 예방하고 대처할 수 있게 해 줍니다. 미래를 예측하고 다가오는 위험으로부터 보호할 방법도 찾아 줍니다. 기록을 잘하는 집단과 그렇지 못한 집단 사이에 차이가 벌어집니다.

개인도 마찬가지입니다. 위대한 업적을 이룬 사람들은 많은 양의 기록을 남깁니다. 기록을 보면 그들이 훌륭한 일을 이루기까지의 과정이 자세히 나와 있습니다. 이 장에서는 기록을 남긴 사람들, 그들이 남긴 일기를 소개합니다. 다른 사람의 일기를 소개하는 목적은 '본받을 점'을 찾을 수 있기 때문입니다.

'세 사람이 길을 가면 그 중 반드시 나의 스승이 있다.'

누군가 좋은 일을 하면 좋은 것을 본받고, 나쁜 일을 하면 나쁜 것을 경계하게 되므로 나를 가르쳐 주는 스승은 반드시 있다는 뜻입니다.

톨스토이

『위대한 가르침』, 톨스토이, 박현석·박선경 옮김, 동해출판사, 2009

톨스토이는 1828년 모스크바에서 남쪽으로 160km 떨어진 툴라 야스나 야폴랴나에서 태어납니다. 격변기 러시아의 작가, 개혁가, 사상가, 소설가로 『전쟁과 평화』, 『안나 카레니나』, 『부활』, 『인생론』 등 수많은 작품을 남깁니다. 다음 말은 톨스토이가 한 말 중에 제가 좋아하는 명언입니다.

"모든 사람은 세상을 바꾸겠다고 생각하지만 어느 누구도 자신을 바꿀 생각은 하지 않는다."

톨스토이가 쓴 책을 어린이용으로 편집해 놓은 것도 많습니다. 일부러 시간을 내어 읽어 보세요. 웬만한 도서관에 가면 톨스토이 책이 있습니다. 많은 사람이 톨스토이를 세계에서 가장 위대한 작가로 만들어 준 것은 일기 쓰기부터였다고 말합니다. 톨스토이는 열 살이 되기 전에 부모님이 모두 돌아가시자 홀로 남겨지며 방황합니다. 이십 대 초반까지 이어지던 방황은 일기를 쓰면서부터 진리에 대한 탐구, 예술과 인간의 근원적인 욕망에 관한 생각을 고찰해 갑니다. 그리고 평생 일기를 써 가며 자녀 교육, 삶과 문학적 완성을 이루었습니다. 톨스토이의 자식들도 아버지의 영향을 받아 평생 일기를 썼습니다.

이 책을 일기라고 해야 하나? 고민하다 일기에 준한다는 결론을 내렸습니다. 그 이유는, 다른 사람이 쓴 책을 옮겼으되(번역), 그들의 위대하고 뛰어난 사상을, 글을 읽는 사람들에게 전하고자 했으며, 무엇보다 날마다 썼기 때문입니다.

톨스토이는 다음과 같은 형식으로 썼습니다.

2월 10일

• 자신을 높이 평가할수록 그 사람은 기댈 곳이 없어지며, 반대로 낮추면 낮출수록 기댈 곳이 많다. 인간이란 깊이 내성(內省)할수록 자신이 하찮은 존재라고 생각하게 된다. 강해지고 싶다면 물과 같아야 한다. 가로막는 것이 없을 때 물은 흐르고….

2월 11일

• 인생은 그것이 인생의 규율, 다시 말하자면 신의 규율을 얼마나 잘 수행하는지에. 건강, 희열, 애착의 대상, 싱싱한 감정, 기억력, 일에 대한 능력, 이 모든 것이, 의무의 수행과 개인적 향락 사이에는 그 어떤 공통점도 없다. 우리는 신의 규율을 고대부터 전해 오는 여러 가지 종교적 가르침에 의해서 알 수 있으며….

2월 12일

• 만약 이 세상의 수많은 고통이 선을 낳지 않는다면 그것은, 사람들 속에서 느끼고, 이해하고, 살아가고, 불멸을 믿지 않는 사람은 한 번도 죽음에 대해서….

류성룡

『징비록』, 이 책은 일기가 아닙니다. 기록입니다. 하지만 저는 일기로 읽었습니다. 왜란 전의 상황과 왜란 동안의 일을 기록했고, 후일에 지침으로 삼아야 한다는 점에서 그렇습니다.

우리 역사에서 임진왜란만큼 끔찍한 재앙도 없습니다. 길지 않은 시간에 나라 안 대부분, 조선 팔도가 완벽에 가까운 파괴를 겪었습니다. 백성들의 삶은 처참했습니다. 차마 글로 다 표현할 수 없을 만큼 비참했습니다. 더 비참하게 만든 것은 충분한 반성과 후회의 시간이 있었음에도, 100년이 안 되어 또다시 치욕의 병자호란을 겪었다는 것입니다.

좀 더 치열하지 못했음을, 각고의 반성이 없었음을 개인의 삶에 비추며 읽었습니다. 분노로 읽다 덮기를 무수히 반복하며 겨우 읽어냈습니다. 그때나 지금이나 세상은 변화의 연속입니다. 변화를 이끌어 가면 좋겠지만, 능동적이면 좋겠지만, 대가를 치르려 그랬나 봅니다. 일본은 일찌감치 서양 문물을 받아들여 상공업을 발달시킵니다. 이는 곧 국가체제를 새롭게 할 수 있는 힘을 마련하는 것이지요. 이렇게 만들어진 국가의 힘은 나라

안에 머물지 않고, 변화되지 못한 주변의 나라를 잠식합니다. 운동을 많이 해서 이두박근, 삼두박근 울퉁불퉁한 사람이 주변에 아무에게나 힘자랑하다가 좀 약하다 싶은 사람에게 행패 부리는 모습이 연상되더군요.

개인의 삶도 마찬가지입니다. 5년, 10년 후에도 부끄러운 과거를 반복하지 않으려면 끊임없이 발전해야 합니다. 이를 위해 매일 깨어 있어야 합니다. 하루하루 자신을 돌아보고, 오늘의 부족함을 내일 반복하지 않겠다는 각오와 자신과 가족에게 더 나은 삶을 보장하겠다는 명확한 의식을 가져야 합니다. 그렇지 않으면 후회의 삶을 살게 됩니다.

일기는 더 나은, 오늘보다 나은 내일을 위한 각성 자료입니다. 오늘 실수가 있거든 감추려 하지 말고 후회하고 반성하십시오. 부끄러움은 순간입니다. 전, 그런 면에서, 반성의 가르침을 받으려 『징비록』을 일기로 읽었습니다.

이순신

우리나라 사람치고 『난중일기』를 모르는 사람은 없을 것입니다. 그렇다면 읽어 본 사람은 얼마나 될까요?

친구들에게, 가족에게 물어보세요.

"난중일기 알지요?"

"압니다."

"읽어 봤나요?"

"…"

너무 유명해서, 온 국민이 모두 아는 일기를, 읽어 본 사람이 드물다는 것은 무엇일까요? 일기가 너무 어려워서? 그렇지 않습니다. 난중일기는 매우 쉽습니다. 특히 어린이용으로 편집된 책은 이해를 돕기 위한 그림도 함께 있어 더욱 쉽게 읽힙니다.

난중일기는 전투가 눈앞에서 벌어지는 것처럼 생생하게 적었습니다. 날씨가 맑고 흐린지, 적을 찾아 몇 시에 출발했는지, 적선에 앉아 있는 왜장의 모습, 전사한 부하를 애통해하는 마음 등 모든 것을 세세히 기록하고 있습니다.

오랜 기간 이름 없는 장수였던 이순신이, 임진왜란 7년을 겪으면서 불세출의 영웅으로 떠오른 것은 무엇이 그렇게 만들었을까요? 타고난 자질에 더하여 끊임없이 노력했기 때문입니다. 그 노력 중 하나가 일기입니다. 종이 위에 쓰인 것, 즉, 일기는 자신이 읽었을 때 다른 사람의 시선으로 보는 것이 가능해진다고 했습니다. 글이 주는 자기 객관화의 힘입니다. 일기를 쓰면 자신을 객관적으로 관찰할 수 있고, 이는 자기 성찰로 이어집니다. 이순신 장군의 인격이 고매하지 않을 수 없습니다. 이순신은 무인치고 드물게 글쓰기를 좋아했습니다. 일기뿐 아니라 시, 편지, 독후감 등 다양한 글을 남겼습니다.

'누군가를 알려거든 그가 쓴 글을 읽어 보라.'
는 말이 있습니다. 이순신을 알려거든 그의 일기를 읽어 보세요.

이순신은 하루하루 일어난 일을 기록하면서 생각을 정리했습니다. 전투 중에 자기 생각을 정리한다는 것은 쉬운 일이 아닐 것입니다. 매 순간 생과 사의 갈림을 결정하기 위해서는 눈앞의 상황이 객관화되어야 합니다. 그런 힘을 일기를 쓰면서 만들어 갔습니다. 정확하고 꼼꼼한 성격으로 업무 내용뿐만 아니라 주변에서 일어나는 모든 일을 적었습니다. 생각을 정리하면서 인격을 성숙시켰습니다.

나라를 사랑하는 마음을 갖고 싶거든, 나라를 걱정한다면 『난중일기』를 읽어 보라고 권합니다.

안네 프랑크

『안네의 일기』 무삭제 완전판, 안네 프랑크 지음, 홍경호 옮김, 문학사상사, 2010

인간은 광기 때문에 전쟁을 일으키는 것일까? 전쟁 상황이 광기를 만들어 내는 걸까요? 인간의 마음에는 선함도 악함도 있다는데, 왜 어떤 사람은 선함을 행하고 어떤 사람은 악함을 행할까요? 악의 평범성이라 했지만 여전히 이해가 안 되었고, 이해할 수도 없습니다.

안네 프랑크의 일기를 초등학교 때 읽었습니다. 기억에 남은 것은 없습니다. 단지 일기를 써야 한다는 동기 유발 재료였을 것입니다. 다시 읽은 이 책은 기록, 전쟁, 성장과 가족 등 많은 생각을 하게 만들었습니다. 어떻게 극한의 상황에서도 희망과 애정이 담긴 글을 쓸 수 있었을까? 오히려 위로받는 사람이 평범한 일상을 살아가는 사람들일 수 있을까? 중 2병이라고 하지요? 『안네의 일기』는 특히 사춘기 소년, 소녀들에게 권하고 싶습니다. 읽어 보세요! 우리의 삶이 얼마나 행복한지를. 우리가 말하는 불만이 얼마나 하찮은 것인지를 알 것입니다.

『안네의 일기』는 안네가 13~15세일 때, 성장기 소녀의 일기입니다. 사춘기가 주는 비밀과 호기심, 혼란, 사랑과 가족, 이웃, 친구 관계를 자신(일기장을 '키티'라고 이름 붙여서)과 대화하듯 써 내려갔습니다. 비밀일기를 써 본 경험이 있을 것입니다. 누가 볼까 봐 작은 열쇠로 잠가 놓기도, 비밀일기와 보여주는 일기를 함께 썼던 경험도 있을 것입니다. 안네도 키티를 친구 삼아 비밀일기를 썼습니다.

1942년 11월 10일 화요일/ 치과 의사 뒤셀

사랑하는 키티에게.

큰 뉴스입니다. 이 집에서 여덟 번째 동거인을 맞이하게 되었거든요. 사실 우리는 훨씬 전부터 한 사람 정도라면 함께 살 공간도, 식량도 충분할 것으로 생각해 왔습니다. 뒤셀 씨에게는 여기에 올 때 치아의 구멍을 메우는 재료도 가져오라고 부탁해 놓았습니다. 그럼 다음에 또. 안네로부터.

1943년 7월 19일 월요일/ 지역 전체가 폐허

사랑하는 키티에게.

어제 일요일에, 북암스테르담이 아주 심한 공습을 받았습니다. 피해는 상당히 심한 것 같습니다. 지역 전체가 폐허가 되었고, 희생자와 생매장된 사람들을 파내는데도 며칠이나 걸린다고 합니다. 둔탁한 폭음을 생각하면 지금도 소름이 끼칩니다. 그것은 우리에게 다가오는 파멸을 의미하는 것이기 때문입니다.

1944년 1월 15일 토요일/ 인간다운 여자가 되고 싶다

사랑하는 키티에게.

우리의 싸움과 말다툼에 대해 자세하게 이야기해 봐도 소용없으니 이 사실만 말해

두겠어요.….

   인간이란 이렇게 제멋대로이고 비열한 걸까요? 이 집에 와서 인간에 대해 배울 수 있어서 다행이라고 생각하지만, 그것도 이젠 너무 많이 배웠습니다. 함께 사는 페테도 같은 생각이래요. 그럼 안녕. 안네로부터.

로즈 여사
케네디 가의 육아 일기

이 책을 신혼 때 읽었습니다.

'아이가 태어난다면 나도 이렇게 할 거야.'

라며, 밑줄 쫙~ 정리까지 하면서 읽었습니다. 그리고 어설프지만 로즈 여사의 흉내를 내었습니다.

역사적으로 훌륭한 인물을 배출한 집안의 자녀 교육은 공통점이 있습니다.

첫째, 가족 간의 융화가 잘 됩니다. 우애가 있다고 표현합니다. 부모와 자녀, 자녀들 사이는 물론 친인척 관계도 좋습니다. 사촌들과 형제처럼 어울립니다.

둘째, 전통적인 가치관을 중시합니다. 부모는 자녀를 사랑하고 자녀는 부모를 공경합니다. 어른을 존중하고 예절이 바릅니다. 공공의식이 있어 다른 사람에게 폐 끼치는 것을 부끄러움으로 압니다. 이러한 교육은 사랑과 포용, 불합리에 저항하고 부조리에 눈감지 않는 정의로움을 갖추게 합니다.

셋째, 책을 가까이하고 기록이 일상입니다. 다양하고 깊은 독서를 통하여 인문학 소양을 쌓고, 기록을 통해 풍부한 정신세계를 만들어 갑니다. 읽고 배우고 행동하지 않는 것을 수치로 여기며 일상을 습관처럼 기록합니다.

로즈 여사처럼 자녀가 언제 어디 병원에서 예방 접종하였는지, 오늘 무슨 놀이를 했고, 누구와 어떤 대화를 했고, 무슨 책을 읽었는지 기록해 보세요. 그 기록이 일기입니다. 눈에 보이는 모든 것을 기록해 보세요. 로즈 여사 흉내를 내보는 것입니다. 메모장을 만들어 누철해도 좋고 다이어리에 적어 가도 좋습니다. 일기를 쓴다면 일기에 적어 보세요. 부모와 자녀가 한 일을 적습니다. 저는 100p 클리어 파일과 다이어리를 사용했습니다. 아이들이 성장하는 과정을 필름 카메라 사진으로 정리했습니다. 아이가 자라면서 남긴 모든 기록물과 학교 과제물까지도 보관했습니다. 로즈 여사 흉내를 내는 순간 우리 자녀는 이미 케네디처럼 키우고 있는 것입니다.

'어머니라는 직업은 세상의 그 어떤 명예로운 직업 못지않게 재미있고 도전적이며, 최선의 노력을 요구하는 직업이다.'

케네디의 어머니 로즈 여사의 어머니에 대한 확고한 견해입니다. 로즈 여사는 아홉 명 자녀의 성장기를 기록했고, 미국 최고의 명문 가문을 만들었습니다.

2. 일기 A to Z 톺아보기

형식과 내용

여행 일기

운동 일기

체험 일기

육아 일기

영농 일기

학습 일기

가족 일기

낱말 일기

형식과 내용

날씨가 많이 풀렸다. 아직 눈은 희끗희끗하지만 저 멀리 봄이 멀지 않았음을 알겠다. 하지만 내 마음은 아직도 동장군이다. 요즘 즐거움, 기대와 희망이 고갈되었다. 가슴 가득 무거운 돌이 얹힌 기분이랄까. 얼굴도 우울함이 잔뜩 묻어난다. 나이 51. 이게 무슨 일인가? 어디서부터 꼬였지? 여기 온 딱 한 달 좋았다. 그리고 그 뒤로 줄곧 스트레스 연속이다. 아~ 오기 전에 좀 더 깊이 생각할걸. 잘 알아보고 올걸…. 제발 1년 만에 끝나기를. 어쨌든 버텨야 한다. 그러려면 내가 변신해야겠지? 뭔가 탈출구가 필요하다.

2013. 1. 14 월

직장 스트레스가 최고조에 달할 때 쓴 일기입니다. 승진을 위해서 점수를 받을 수 있는 곳으로 옮겼습니다. 제로섬 게임, 한정된 점수를 두고 치열한 다툼이 이어졌습니다. 누군가를 밟고 올라가야 하는 구조를 잘도 이용하는 관리자들, 그 속에서 한없이 악해지고 약해지고 초라해져 갔습니다. 그 당시 일기입니다. 이 일기를 뭐라고 불러야 할까요? 우울한 내용이므로 우울 일기라고 할까요? 일기가 없었더라면 그 시기를 어떻게 버텼을지, 극도의 스트레스를 무엇으로 달랬을지 모릅니다. 일기는 이런 기능을 합니다. 도피처 역할을 훌륭히 합니다.

　이 장에서는 다양한 일기를 소개합니다. 형식이 내용을 결정합니다. 일정한 틀 없이 마구 쓸 수는 없습니다. 특히 시작할 때는 형식에 맞추어 써야 합니다. 융통성은 원칙을 알고 나서 발휘하는 것입니다.

여행 일기

2007. 8. 1 화 출발(우석 여행 일기)

– 08:00 출발. 수원의 대문. 자동차 정비, 고속도로 달려 오후 5:00 도착

    우리 가족은 8월 1일에서 6일까지 휴가를 갔다. 나와 아버지는 1일~3일은 시골에서 있었다. 출발하기 전에는 나의 상상에 빠져 있었다. 왜냐하면 아버지께서 시골에 가서 감자, 옥수수 등을 모닥불로 구워서 먹는다고 하셨기 때문이다. 출발하기 전에 아버지는 할머니께 드릴 수박, 물고기 등을 준비하셨다. 나는 옷, 책 등을 챙겼다. 그리고 시골에 가서 놀거리를 찾는데 아무것도 없었다. 하지만 가지고 놀거리가 없어도 불놀이를 하면 되겠지라고 생각하며 짐을 쌌다. 출발해서 신나게 달리는 도중에 수원에 있는 집에 사는 사람이 전화했다. 대문이 떨어진 것이다. 우리는 수원에 가서 쓱싹쓱싹 톱질하고 망치로 못을 박았다. 나는 아버지가 일하시는 동안 옆에 있던 못과 망치, 정을 가지고 놀았다. 아버지는 나보고 계단을 쓸라고 하셨다. 나는 계단을 쓸었는데 얼마 만에 쓰는 계단인지. 너무 서툰 것 같았다. 예전에는 참 많이 쓸었는데…. 아버지는 내가 계단을 쓰는 동안에 다시 문을 고치셨다.

그리고 우리는 차를 검사하러 정비사업소에 갔다. 정비사업소에서 나는 2시간 정도 만화책을 보고 아버지는 신문을 보셨다. 나는 만화책을 다 보고 난 뒤 컴퓨터가 있는 방에 가서 게임을 했다. 한 10분 정도 지났나? 우리 차를 부르는 소리가 들렸다. 나는 그래서 컴퓨터 방을 나왔고 아버지를 따라갔다. 우리 차는 앞에 뚜껑이 열려 있었고 옆에 있는 차는 불이 나가 있고 뒤에서 들려 있는 자동차는 바퀴가 빠져 있었다. 바퀴가 빠져 있는 차는 기계에 의해 들려있었다. 우리의 무쏘는 고치러 온 것이 아니라 정비를 하러 온 것이다. 우리는 정비한 차를 타고 시골로 향했다. 한참을 달리다 보니 휴게소가 보였다. 아버지께서는 물을 드셨고, 나는 팥빙수를 먹었다. 정말 달았다.

할머니께 드릴 것을 사기 위해 마트에 갔다. 우리는 사이다, 고기, 빵, 음료수 등을 샀다. 나는 음료수를 샀는데 설탕물이었다. 아버지는 딸기 우유를 사드셨다. 차에서 내려서 마트에 가고 마트에서 차까지 오는데 너무 더웠다. 주차장으로 가는 길에 개집이 있었는데 그 속에는 시베리아허스키, 진돗개 비슷한 개가 있었다. 너무 더워서 그런지 기운이 없어 보였다. 참 불쌍했다. 그 개들을 보니 예전에 키웠던 머피가 생각난다. 머피는 진돗개이며 매우 똑똑한 개였다. 기회가 된다면 꼭 강아지를 키워볼 생각이다. 차에 앉은 우리는 주스와 음료수를 다 마신 다음 출발했다. 고속도로를 달리며 셀프 세차장을 찾았다. 아버지는 셀프세차를 좋아하시나 보다. 나는 3,000원을 기름을 넣고 있는 아저씨한테 500원 동전 6개로 바꿨다. 나는 물을 뿜고 아버지는 비누칠했다. 다음에 물을 또 뿌렸다. 차가 매우 깨끗해졌다. 1시간 정도 달리니 나와 아버지는 시골 할머니 댁에 도착했다. 나는 그때 자동차에서 잠을 자고 있었다. 시골 할머니와 이모할머니께서는 짐을 옮기고 계셨다. 집을 리모델링할 것이다. 나는 냉장고, 서랍, 장롱 등을 옮겼다. 땀이 송골송골 맺혔다. 뒤에 있는 창고를 보니 얼마나 오랫동안 안 썼는지(?) 40여 년 된 재봉틀도 있었다. 먼지가 많이 있었다. 형태는 매우 잘 보존하고 있었지만, 줄이 끊어져서 발로 밟아도 움직이지도 않았다. 또 벼를 쌀로 만드는 기계가 있었는데, 그것은 아버지 혼자서 떼어내기가 힘들었다. 그래서 일을 하는 사람들과 같이 떼어내기로 하셨다. 나와 아버지와 할머니는 짐을 버릴 것은 마당으로, 계속 쓸 것은 임시 집으로 옮겼다. 임시 집에 들어가 보니 호랑이 그림이 많았다. 그곳에 살던 사람이 호랑이를 매우 좋아했나 보다. 어떤 호랑이 그림은 진짜 같이 털이 있었다. 나는 그 그림 때문에 매우 마음이 편치 않았다. 왜냐하면 호랑이 그림의 얼굴이 모두 어떤 방을 가리키고 있었기 때문이다. 우리는 일을 마친 후 목욕하러 갔다. 다 부숴버린 집에서 하는 목욕은 참으로 찜찜했다. 역시 시골이라 그런지 차가운 물이 나왔는데 매우 시원해서 땀띠들이 다 날아가 버릴 듯했다. 우리는 짐을 다 비운 집에서 TV를 보다 잠을 청했다. 모기장을 쳐서 모기도 많이 안 물렸다. 아버지가 너무 무리를 안 하셨는지 또한 허리가 안 아프신지 궁금하다.

운동 일기

수옥 운동 일기, 2023. 7. 11 화

건강에 관한 관심이 높아지면서 생활 방식이 바뀌었다. 지하철을 타면 아침부터 등산복 차림이 많다. 아예 등산복장으로 출근하는 사람도 드물지 않다. 해외 나가서 한국인 구별 법 중 하나가 등산복장이라는 말도 있었다. 예전에는 뽀글뽀글 볶음 머리, 지금은 등산복장, 또는 골프 복장이라나? 대부분 운동 일지를 기록하면서 운동하지 않는다. 헬스클럽이든 수영장이든 필라테스든 등록해서 주어진 시간에 운동하고 온다.

'좀 더 체계적으로'

'내 몸을 변화시키고 싶다.'

'몸짱을 만들고 싶은'

사람이나 계획적인 사람은 운동일지를 기록할 것이다. 이왕 하는 것, 운동일지를 써 가면서 해 보자. 내년 여름 자신 있게 수영복 입은 모습을 꿈꾸면서….

1. 형식

운동일지에 정해진 형식은 없다. 운동일지 양식에 기록하는 것도 좋고, 블로그나 브런치, 다양한 앱을 내려받아 기록하는 것도 좋다. 개인적으로 다이어리에 기록한다.

　2. 내용

　자신의 체력과 시간, 운동 종목에 따라 하루 동안 운동한 내용을 기록한다. 기록의 방법은 일정해야 한다. 어제, 1주일, 한 달 전 운동내용을 오늘과 비교할 수 있도록 적어 나간다. 일자, 운동의 종류, 횟수, 강도 등을 적으며, 대부분 수치화가 가능하다. 기록 끝부분에 오늘의 소감, 몸이 느끼는 정도, 감정의 변화도 함께 적어 가면 좋다. 자신이 도달하고자 하는 목표에 따라 섭취 음식의 종류, 열량 등도 적어 가면 더 좋다.(식사일지와 병행)

　3. 효과

　일상생활에서 운동 패턴을 확인하고 관리하여 더 나은 방법을 찾아 부족한 부분은 보완해 나가면서 내 몸을 변화시킬 수 있다. 꾸준해야 한다.

　A. 박스와드

　1. Squat Snatch 연습

　2. 20 min EMON

　odd-5 power Snatch

　even-10 Overhead Squat

　1 rm 65% wt 1 RM이 75lb라서 한 65%면 48lb이던데…. 45를 할까 50을 할까 했다가 그냥 에라 모르겠다 55lb로 시작, 혹시 중간에 못 하면 동전으로 바꾸려고 킵해 놓고 ㅋㅋ) 근데 웬걸 힘들긴 했으나 다 했다. 모지

모지…? 스내치 그립도 좁게 잡았더니 좀 더 낫기도. 팔로 들지 말고 상체 힘으로! 이걸 뭔가 오늘 다시 깨달은 듯

B. 복근 하는 날

Lying leg raise (rack touch) 20×4set

C.유산소

10 min EMOM

10 Burpee

버피 백 개가 짧고 굵어서 편한데 편하면 운동이 아닌가? 바디 프로필이 다음 주부터 시작이라니. 속세 음식 당분간은. 자제해야겠네!

체험 일기

교진 체험학습 일기, 2006. 2. 16 목, 6학년

제목 : 샬롯의 거미줄

온 사방으로 퍼진 햇빛이 따가울 정도의 봄을 알리는 날이었다. 처음에 『샬롯의 거미줄』이라는 제목을 보고, 이게 재미있기는 한 거야? 혹시 유치한 거 아니야? 하며 그다지 좋은 것은 아니었다. 이 영화를 본다는 것이…. 하지만 처음 시작해서 아빠가 돼지를 도끼로 죽이려고 할 때부터 무엇인가 재미있고, 좋을 것이라고 느꼈다. 또, 그러다가 딸이 그 아기 돼지를 살린 것도 재미있었다. 그 딸의 이름은 '펀'이었고, 돼지의 이름은 '윌버'였다. 몇 달 동안 펀이 윌버를 키우다가, 윌버가 너무 커서, 펀의 헛간에는 자리가 없고, 그래서 건너편 삼촌 댁에 윌버를 맡겼다. 난 아무리 생각해도, 그때에는 펀은 그 더러운 돼지를 왜 키우고 싶어 할까 하기도 하고, 더러울 것 같았다. 하지만 윌버는 농장 친구들을 만나고, '샬롯'이라는 거미를 만났다. 이 중, 한 가지 슬픈 점은, 이 돼지 윌버는 크리스마스 때 햄이나 훈제고기가 된다는 것이었다. 그래서 농장 식구들은 (오리, 말, 양, 쥐) 등등 윌버를 살리기 위해, 샬롯이 거미줄에 다양한 글을 새긴다. '끝내준다', '멋진 돼지', '겸손하다' 등. 난 이때, 샬롯이 너무 고맙고, 거미 자체를 싫어하고, 무서워했던 나지만 정말 똑똑하고, 다시 한번 생각하고, 보게 되었다. 펀도 이 사실을 알고, 월버를 도와, 돼지 경연대회에 나가 일등을 한다. 그래서 월버는 원하던 눈을 보고, 먹히지 않았다. 이걸 보면서, 또 하나의 재미있었던 것은 까마귀이다. 까마귀 두 마리가 옥수수밭에서 허수아비를 보며, 허수아비가 갈 때까지 기다렸다. 허수아비가 계속 가지 않자 허수아비를 공격하려다가 바람 때문에 뒤돌아 있던 허수아비가 까마귀 둘을 똑바로 본다. 세게 날아오던 까마귀 두 마리는 갑자기 후퇴! 후퇴! 후퇴!! 외치며 물러선다. 난 이 장면이 정말 재미있었다. 멋지고, 실감나는 연기와, 유머 있는 것이었다. 역시 까마귀는 머리가 좀….

난 이걸 보면서 하나의 하찮고, 필요 없는 생명일지라도 아껴야 한다는 것을 알았다. 그리고, 동물들이 말을 하니, 신기했다. 펀이 정말로 중요하고, 순수한 아이란 것을 알았다. 샬롯의 글씨를 쓴 거미줄은 환상이고, 거미의 또 하나의 큰 장점이었다. 하지만 이런 환상적인 거미줄 글씨도 끝이었다. 그래도 새끼를 낳고 죽어, 농장 친구들이 돌아가며 살핀 끝에, 수백 마리의 아기 거미가 나왔다. 그 중 세 마리는 농장에 남고, 다른 거미들은 모두 갔다. 이것이 끝이었지만, 난 너무 아쉬웠다. 또, 그 세 마리가 펼치는 예쁜 모험을 보고 싶다. 또, 섭섭한 것은 마지막 장면에 펀이 보이지 않은 것이다. 왠지 모르게 펀이 기다려졌었다. 한번 보았지만, 계속, 또 보고 싶다. 정말 감동 깊은 영화였던 것 같다.

육아 일기
아빠 육아 일기

1991년. 1995년생 아들에 대한 육아 일기입니다. 임신 초기부터 산모의 건강검진 기록, 태아 사진을 모았습니다. 필름 카메라 시절부터 아이들의 자라는 모습을 카메라에 담았지요. 어린이집 다닐 때 쓴 비뚤비뚤 손글씨 편지, 낙서장 어느 것 하나 버리지 않고 모았습니다. 100장 파일 두 권이 채워졌습니다. 고등학교 졸업할 때까지 쓴 일기, 독서록 역시 훌륭한 일기입니다. 큰아이와 둘째 아이에 대한 육아가 달랐습니다. 시간이 지나고, 부부 모임에서 부모 대부분이 비슷한 시행착오를 겪었음을 알게 되었습니다. 지금은 나아졌지만, 예전엔 아이 키우는 방법을 익히지 못한 상태에서 육아를 했습니다. 자신이 받은 자녀 교육을 대를 이어 하는 경우를 말합니다. 당연히 큰 아이는 시행착오의 연속이었습니다. 이제 갓 돌 지난 아이가 고열로 칭얼대고 분유 안 먹고 하면 얼마나 당황스러운지 아실 거예요. 지금은 의연(?)하게 대처할 수 있지만 당시엔 안절부절못했습니다. 꼭두새벽 달려간 응급실은 갓난아이 안고 동동거리는 젊은 부부보다 더 응급한 상황이 많다는 것을 병원에 가서야 알았습니다. 어찌할 줄 모르고 무턱대고 병원으로 달려갔습니다. 다섯 시간을 기다려 의사가 왔고, 아기가 손잡는 것을 몇 번 확인하더니 시큰둥하게

"별거 아니에요."

하고 돌아서더군요. 의사가 한 말에 토 달 수 있나요. 집에 돌아와 아기도 엄마도 아빠도 곯아떨어졌습니다.

설빔 옷을 샀습니다. 당연히 가장 좋은 것으로 샀습니다. 내년에 동생이 태어나면 동생도 입어야 한다고 넉넉한 크기로 샀습니다. 점퍼를 샀는데 오버코트가 되었습니다. 기대치는 욕심으로 발현되나 봅니다. 다섯 살 아이에게 열다섯 나이의 목표를 설정하고 가르쳤습니다. 칭찬을 받고 자라야 할 아이에게 꾸중이 더 많았습니다. 큰아이는 그렇게 키웠습니다. 가슴 아픈 육아였습니다.

큰아이와 둘째 아이 모두 일기를 열심히 썼습니다. 특히 큰 아이는 초등학교 1학년을 농촌학교로 들어갔습니다. 학교가 끝나면 친구들과 논으로 밭으로 곤충과 식물, 가재와 개구리를 쫓으며 다닌 이야기가 고스란히 담겨 있습니다. 맞벌이하는 부모가 놓친 부분을 자연과 친구들이 메꿔주었습니다.

둘째 아이는 엄마 아빠의 근무지 이동으로 어린이집, 유치원과 초등학교를 여러 곳 옮겨 다녔습니다. 친구를 사귀기 전에 전학하다 보니 자연스럽게 형을 쫓아다니게 되었습니다. 형도 친구들과 놀고 싶었을 텐데. 서로 성격까지 달라 동생의 일기 곳곳에 형에 대한 투정이 가득합니다.

모두 소중한 시간입니다. 아이들이 자라서 성인이 되고 분가하면서 부모가 갖고 있던 추억의 자료를 넘겨줄 시간이 되었습니다. 부모의 기록과 자녀의 기록이 모여 손자 손녀에게 전해지겠지요. 가정 교육의 시작이 육아 일기라고 말하고 싶습니다.

영농 일기

『사과가 가르쳐 준 것』, 기무라 아키노리 지음, 최성현 옮김, 김영사, 2010

이 책을 읽으면서 든 가장 큰 감정은 치열함입니다. 나름 인생의 일정 부분을 치열하게 살아 냈다고 자부했건만. 조금 부끄러웠습니다. 무엇이 치열했나? 주인공은 썩지 않는 사과 재배를 꿈꿉니다. 과수원에 농약을 뿌리고 들어온 날, 옻이 오른 것처럼 앞이 안 보일 정도로 눈이 붓고, 며칠 바깥나들이를 못 할 정도로 힘들어하는 아내를 보며,

"농약을 줄이면 우리 가족 모두 즐겁게 일할 수 있다. 어떻게든 농약을 줄여보자."

라는 소박한 생각에서 출발합니다. 그가 처음부터 농사를 지은 것은 아니었습니다. 고등학교 졸업 후 도시에 나가 회사원 생활을 합니다. 하지만 곧 아버지의 부름을 받습니다. 1년 반만의 귀향이지요. 스물두 살 때 중학교를 함께 다닌 아내를 만나 결혼하면서 본격적으로 농업에 뛰어듭니다. 이후 자연 재배 농법을 시작합니다. 자연 재배란 농약도 비료도 주지 않고 작물을 키우는 것을 말합니다. 땅의 힘을 길러 강한 땅에서 좋은 결실을 얻는 것, 작물도 사람에게도 이익인 농법입니다. 사과에 먼저 적용하고 이후 벼, 야채 등 다른 작물로 확산시켰습니다. 글을 쓴 기무라는 자연 재배 농법을 시작해서 고난의 10년을 보냅니다. 그동안 사과 한 알 수확을 못

합니다. 그래도 포기하지 않습니다. 마을에서는 따돌림이, 가정에서는 경제적인 어려움에 처했어도 포기하지 않았습니다.

'아궁이에 불 꺼뜨린 놈'

이 말은 일본 아오모리 방언으로 바보보다 더 나쁜, 감당이 안 되는, 어찌해 볼 길이 없는 사람을 이르는 말로 매도의 대상을 이렇게 부릅니다. 친구들 발길도, 이웃들의 관혼상제 안내도 끊깁니다. 가정은 더 어려워져 딸 셋의 수업료도 못 낼 지경이라 지우개 하나를 셋으로 잘라서 쓰기도 합니다. 힘들 때 가족만큼 의지가 되는 존재도 없습니다. 기무라도 그랬습니다.

"나와 언제든지 헤어져도 좋다. 나 같은 사람과 살아서는 행복하기 어려우니 재혼해서 다시 시작하라."

라고 아내에게 말합니다. 그렇게 할 아내가 아닌 것을 알고 말한다 해도 참 매정한 남편이지요. 거듭된 사과 농사의 실패 속에,

"올해도 안되면 그만두겠다."

라고 말하는 아버지에게 딸이,

"그럼 지금까지 우린 뭘 한 거예요? 그러면 그동안의 일들이 모두 헛고생이 되잖아요."

라고 말합니다. 어머니는 이렇게 말합니다.

"네가 믿는 길을 가라. 그러면 된다. 가난해도 좋으니 길가의 돌과 같이 살아라."

아내와 딸, 어머니 모두 보통내기가 아니지요?

"나는 숱한 실패를 통해 답을 얻었다. 실패하지 않았다면 답도 얻을 수 없었을 것이고, 남보다 더 많이 실패했기에 더 많은 것을 알게 되었다. 실

패에도 불구하고 포기하지 않은 바보라서 결국 그 고개를 넘을 수 있지 않았나 생각한다. 다만 그뿐이다."

농부 기무라는 아리요시 사와코의 소설에 나오는 글이 자신의 이야기라고 생각합니다. 바보 맞습니다. 누구도 가지 않은 길을 간다는 것, 실패와 실패를 거듭해도 다시 일어서는 힘을 갖고 있다는 것, 그는 위대한 농부입니다. 이 농부는 말합니다.

"해충을 없애기 위해 농약을 뿌리는 것이 아니라, 농약을 뿌리므로 해충이 생긴다. 해충이 인간이 먹어야 할 농약을 대신 먹는다."

이 책은 일기 형식이 아닙니다. 읽다 보니 일기였습니다. 기무라가 자연재배 농법을 하면서 이렇게 썼어도 전혀 이상할 것 없지 않을까요? 그렇다면 일기입니다.

"나는 작물 또한 인간과 같지 않을까 생각할 때가 많다. 토마토는 토마토 언어로, 오이는 오이 언어로 이야기하고 있는데, 다만 우리 인간이 그 말을 알아듣지 못하는 것은 아닐까."

훌륭한 일기입니다. 초등학생들은 관찰일기를 이렇게 써도 좋을 것입니다.

학습 일기

　학습 일기장은 배움 공책이라고도 합니다. 학습한 내용과 새로 알게 된 것을 중심으로 기록하며 자기 주도적 학습능력을 기르기에 유용합니다. 자신에게 맞는 학습 계획을 세워 스스로 탐구하고 발견해 가는 과정이 중요합니다. 자기 주도적 학습의 효과는 SNS나 참고서에만 의존하지 않고 온라인 자료, 강의, 관련서적 등 다양한 방법을 활용하여 학습할 때 극대화됩니다. 다음은 교진이의 학습 일기입니다.

• 목표설정 – 오늘의 학습 목표를 명확히 설정합니다.
우리 지역의 문화유산의 종류를 알아보았다.

• 학습 내용 기록 – 학습한 내용과 그 과정을 간단히 정리합니다.
우리 고장의 문화유산에 대해 디지털 용인 문화 대전과 네이버 지식백과를 활용하여 조사하였다.
　1. 처인성 : 용인시 처인구 남사면 아곡리에 있는 고려시대의 성곽. 둘레 약 400m. 경기도 기념물 제44호. 1232년(고종 19) 몽골의 제2차 침입 때 김윤후가 몽골 장수 살리타를 무찌른 곳이다.

2. 왕산리 고인돌 : 용인시 처인구 모현읍 왕산리 498번지에 있는 선사시대의 고인돌. 탁자식이며 동서 방향으로 5.5m 거리를 두고 나란하게 있다. 고인돌 주변에서는 간돌화살촉 1점이 출토된 바 있다고 전한다.

3. 할미산성 : 용인시 기흥구 동백동과 포곡읍 가실리와 마성리의 경계에 있는 삼국시대 성곽. 성벽의 둘레는 661m로 서울 · 경기 지역의 삼국시대 성곽 중에서는 소규모에 속한다. 할미산성에 전해 내려오는 마귀성과 괸 돌의 전설을 알게 되었다. 할미산성은 6세기 중엽부터 7세기 중엽까지 신라 축성 기술의 변화 과정을 알게 해주는 중요한 유적이다.

4. 석성산 봉수터 : 용인시 처인구 포곡읍 마성리 석성산에 있는 조선시대의 봉수. 경기도 기념물 제227호. 동쪽으로 건지산 봉수(직선거리 15.5km), 북쪽으로 천천산 봉수(18.75km)와 교신하였다. 석성산 봉수터는 석축으로 규모는 둘레 65.7m, 높이 5m가량이다. [출처] 한국학중앙연구원 – 향토 문화전자 대전

• 느낀 점과 어려움 – 특히 이해가 잘되지 않거나 어려움을 겪었던 부분을 기록합니다.

할미산성에 전해 내려오는 마귀성과 괸 돌의 전설이 재미있었다. 인터넷으로 찾아보니 조사하기가 쉬웠지만 쓸 게 많아서 정리하기가 어려웠다.

• 해결방안 – 어려움을 해결하기 위해 어떤 방법을 사용할지 계획합니다.

수업시간에 꼭 필요한 핵심내용만 찾아 정리할 수 있는 안목을 길러야겠다.

• 다음 학습 계획 – 다음 학습을 위한 간단한 계획을 세웁니다.

내일은 정몽주선생묘와 충렬서원, 서리, 고려백자요지를 알아봐야겠다.

학습 일기를 쓰면 자신의 학습 과정을 파악할 수 있어 좋습니다. 자신의 목표에 맞춰 문제를 해결하기 때문에 학습한 내용이 오롯이 자기 것이 됩니다. 학습한 내용을 다른 사람에게 설명해 주면 학습효과가 매우 높아지는 것을 볼 수 있습니다.

가족 일기

가족 일기로 가족 간의 소중한 순간이나 일상을 담아 보세요. 일상의 작은 사건부터 특별한 사건까지 기록함으로써 가족 간의 유대감을 높일 수 있습니다. 요즘에는 일상을 사진으로 찍어 설명과 함께 인터넷에 올리는 블로그, 인스타그램, 유튜브 등 다양한 콘텐츠가 인기를 끌고 있습니다. 다음은 규연이의 가족 일기입니다.

- 일시 : 2024년 5월 11일 토요일
- 우리 가족 : 아빠, 엄마, 규희 언니, 나, 동생 규서
- 한 일 : 가족 캠핑
- 기억에 남는 순간

오늘 우리는 청태산에서 가족 캠핑을 했다. 날씨가 맑고 상쾌했다. 규희와 규서가 캠프파이어를 준비하는 동안 아빠는 텐트를 치고, 엄마는 저녁 먹을 음식을 준비했다. 모닥불에 마시멜로를 구웠고, 규서가 준비한 노래를 함께 부르며 즐거운 시간을 보냈다.

• 특별한 순간

내 동생 규서가 처음하는 캠프파이어를 보며 무서워하지 않았다. 규희 언니가 지은 시를 읽어 주었는데, 그 시가 가족 모두에게 큰 감동을 주었다.

• 소감 및 감정

모두 함께 시간을 보내는 것이 정말 행복했다. 하늘에 별이 정말 많았다.

가족이 소중한 추억을 쌓을 수 있어 기쁘고, 앞으로도 이런 데를 자주 오면 좋겠다.

• 추가 사항

캠핑 중에 찍은 사진 몇 장을 붙여 두기로 했다. 다음에 보면서 오늘의 기억을 다시 떠올릴 수 있을 것 같다.

• 작성 팁

기억에 남는 순간 : 오늘 활동 중 특별히 기억에 남는 순간이나 활동을 상세히 기록합니다.

특별한 순간 : 감동적이거나 인상 깊었던 특별한 순간을 구체적으로 적습니다.

소감 및 감정 : 가족과의 활동 후 느낀 감정이나 소감을 적어 보세요.

추가 사항 : 필요에 따라 사진이나 관련 자료를 첨부하거나 다음 계획에 대해 간단히 언급합니다.

이와 같은 방식으로 가족 일기를 작성하면, 가족 간의 소중한 순간들을 잘 기록하고, 나중에 되돌아보면서 함께한 시간을 추억하는 데 큰 도움이 됩니다.

낱말 일기

낱말 일기는 특정 낱말을 중심으로 기록하는 방식입니다. 특정 주제나 단어에 대해 깊이 있는 기록을 하거나, 일상에서 중요한 의미를 지닌 낱말을 중심으로 생각을 정리하는 데 유용합니다. 생각을 특정 낱말로 구현하기 때문에 주제 선정이 선명합니다. 하나의 낱말을 선정했으면 마인드맵을 활용하여 연관되어 떠오르는 낱말 지도를 그려 보세요. 쓸 말이 넘쳐납니다. 다음은 은조의 낱말 일기입니다.

- 일시 : 2024년 4월 14일 일요일
- 낱말 : 도전
- 제목 : 오늘의 경험

오늘은 새로운 도전에 나섰다. 방과 후 골프 수업에서 처음으로 어려운 공을 날려 보내는 자세를 시도했다. 처음에는 몸이 많이 굳어서 힘들었지만, 수업이 끝날 무렵에는 점점 나아지는 걸 느꼈다. 이렇게 도전적인 상황을 마주하면서 자신감이 생겼고, 다음 수업도 기대된다.

• 느낀 점

오늘의 도전은 나에게 많은 것을 가르쳐주었다. 어려운 상황에서도 포기하지 않고 시도하는 것이 얼마나 중요한지를 깨달았다. 도전이 주는 성취감과 나에 대한 자신감이 커졌다.

• 연관된 생각

도전이라는 말은 일상에서의 작은 일부터 큰 목표까지 다양하게 적용할 수 있다. 나의 일상에서도 새로운 일을 시도하는 것이 때로는 두렵기도 하지만, 그런 도전들이 나를 성장하게 한다는 것을 알게 되었다.

• 앞으로의 계획

앞으로도 매일 작은 도전을 해 보고, 성취감을 느끼는 시간을 가져야겠다. 매일의 도전이 나를 더욱 강하게 만들 것이라 믿는다.

• 소감

오늘의 도전은 나에게 큰 도움이 되었다. 이런 경험을 자주 해서 나를 발전시키고 싶다.

• 작성 팁

낱말 : 오늘의 중심 단어나 주제를 적습니다.

기록 : 그 단어나 주제와 관련된 오늘의 경험, 느낌, 생각 등을 상세히 기록합니다.

연관된 생각 : 낱말과 관련된 더 넓은 의미나 연관된 생각을 추가합니다.

앞으로의 계획 : 이 단어가 향후 행동이나 계획에 어떤 영향을 미칠지 기록합니다.

소감 : 오늘의 기록을 통해 느낀 점이나 개인적인 소감을 간단히 적습니다.

이런 식으로 낱말 일기를 작성하면, 특정 단어나 주제에 대한 깊이 있는 이해를 돕고, 개인의 경험과 생각을 체계적으로 정리하는 데 유용합니다.

'자연이란 말이지…거미는 벌레를 잡아먹고, 큰 물고기는 작은 물고기를 잡아먹고, 식물이 식물을 잡아먹고, 동물이…내 관점에서 자연이란 그저 거대한 식당이라고'
    – 영화 〈사랑과 죽음〉을 만든 우디 앨런 왈

'인생이란 말이지…어제 일을 잊어버리고, 지난달 일도 잊어버리고, 그래서 날마다 새롭게 시작하는 거라고.'
    – 일기 1975~2024를 쓴 심사부 왈

양○ 다이어리를 만나기 전에는 '공책'에, 다이어리를 만나고부터는 1년에 한 권씩 만들어 냈습니다.

어린 시절 고향마을 친구들과 책보자기 매고 걷던 길, 겨울이면 썰매 타던 골목이 담겨 있습니다. 논둑길을 달리고 하훈이누와 낮은 산 꿩을 쫓던 일, 외양간 송아지도 있습니다. 꿈을 찾아 날고 싶은 사춘기 소년이 있고, 초가지붕이 슬레이트로 바뀌어 가는 농촌의 모습이 담겼습니다. 시오리길 자전거로 중학교에 다녔고, 산업화 일꾼을 실어 나르던 완행열차 상경 행렬에 동참했습니다. 주경야독의 시기를 거쳐 직장과 가정을 이루었어도, 상승 욕구를 놓지 못하고 몸부림치던 청춘의 꿈이 담겨 있습니다.

실수와 오류투성이의 육아는 힘들었습니다. 전통 시대 남성, 장남, 형과 가장의 의무는 당연한 삶의 여정이었습니다. 시간이 흐른 후 '아낌없이 주는 나무' 같은 고향을 그리워하는 모습이 보입니다.

시시콜콜 모든 것을 기록했습니다. 신작로 밭 고구마와 월굿제 밭 고구마 때깔이 다름을, 외할머니가 오실 때마다 재봉틀이 생기고 찬장이 바뀌며 살림이 늘어나는 것을 보았습니다. 대학 다니며 자취할 때 생고등어 한 마리가 작은 것 150원, 조금 큰 것은 200원이었습니다. 가정을 이루고 육아하면서, '괜찮은 잠바를 샀다. 8만원이나 한 것'도 적고, 아파트 중도금 예산도 꼼꼼히 적어 나갔습니다. 직장 스트레스로 담배를 몇 개비 피워서 목 상태가 어떻다고 했습니다. 가족, 형제, 직장 동료 사이의 관계가 들어가 있고, 운동해서 기분이 상쾌해지고 컨디션을 찾았다는 기록도 나옵니다. 선거 당시 후보의 공약이, 삼풍백화점, 성수대교, 태풍 매미가 훑고 지나간 자국도 보입니다.

일기는 자신만의 동굴이었습니다. 우리는 각자의 동굴을 만들어 살아갑니다. 동굴은 도피처가 되기도 하고, 행복을 저장하는 장소가 되기도 합니다. 일기는 훌륭한 동굴이었습니다. 사춘기 시절 아버지에게 꾸중을 듣고 가출을 꿈꾸던 강정등 언덕, 친구가 전부인 시절, 시샘과 우정의 틈새 속에 상처받은 마음에 새살이 돋아나도록 기다리던 곳, 마음의 지향을 이루어 하늘을 날 듯한 기분도 저장했습니다. 첫째가 태어나고, 둘째가 태어나 경쟁하듯 자라는 모습을 빠짐없이 담았습니다. 두 아들이 학교를 졸업하고 군대를 갔다 오고 직장을 갖고 가정을 이루는 모습을 행복으로 저장했습니다.

삶의 지침이 되었습니다. 일기는 꾸준했습니다. 1975년부터 하루도 빠짐없이 썼습니다. 술로 인사불성이 되지 않는 한 일기를 쓰고 잤습니다. 여행길에도 메모장을 챙겼습니다. 몇 번의 경험으로 어제의 감정이 오늘과 다르다는 것을 알기 때문에 오늘 일기는 오늘 썼습니다. 돌아와서, 기억을 되살려 쓰는 글은 생동감부터 다릅니다. 고칠 수 없는(?) 습관으로 굳어진 지금은 오전에 어제 일기를 쓸 수 있습니다.

5년 10년 20년 전의 일기를 읽으며 생활의 모난 부분을, 삶의 단점을 고쳐왔습니다.

뇌를 움직이는 최상의 방법은 훈련이다. 똑같은 훈련의 반복이다.

— 릭 레스콜라